LE NOUVEAU
CABINET DES FÉES

CONTES CHOISIS

PRÉCÉDÉS

D'UNE NOTICE SUR LES FÉES ET LES GÉNIES

PAR

L. BATISSIER

DESSINS DE MM. FOULQUIER ET PASINI

PARIS

FURNE ET Cⁱᵉ, ÉDITEURS

RUE SAINT-ANDRÉ-DES-ARTS, 45

M DCCC LXIV

LE NOUVEAU
CABINET DES FÉES

CONTES CHOISIS

TYPOGRAPHIE DE RENOU ET MAULDE, RUE DE RIVOLI, 144

Les Fées, comme les Parques, assistaient à la naissance des enfants.

LE NOUVEAU

CABINET DES FÉES

CONTES CHOISIS

PRÉCÉDÉS

D'UNE NOTICE SUR LES FÉES ET LES GÉNIES

PAR

L. BATISSIER

DESSINS DE MM. FOULQUIER ET LASINI

PARIS

FURNE ET Cⁱᵉ, ÉDITEURS

RUE SAINT-ANDRÉ-DES-ARTS, 45

M DCCC LXIV

A MESDEMOISELLES

MARGUERITE ET MARIE SABATIER

Ce livre est dédié à deux petites fées, qui, je l'espère, feront un jour des merveilles. Pour opérer les prodiges qu'on doit admirer le plus en notre temps, elles n'auront pas besoin de recourir à la baguette magique des anciennes enchanteresses, puisqu'elles pourront allier, aux grâces de la jeunesse, les dons de l'esprit et les plus délicates inspirations du cœur.

J'atteindrai, d'ailleurs, un but qui m'est très-cher, si ce volume, publié sous les auspices de leurs noms, contribue à leur rappeler le souvenir de la vive affection que je leur porte et des sentiments de gratitude et de dévouement qui m'attachent à leur famille.

L. B.

Chatou, 29 juin 1863.

LES FÉES ET LES GÉNIES

D'où viennent les fées et les génies? Quelle est l'origine des croyances populaires qui les concernent? Comment s'est maintenue, pendant une longue série de siècles, l'idée qu'on s'était faite de leur puissance et de leur intervention dans le règlement des affaires humaines? Pour répondre à ces questions, il faut remonter bien haut le cours des âges et emprunter à l'érudition quelques-unes de ses découvertes les moins contestées.

Il paraît acquis à la science que les traditions relatives aux fées se rattachaient primitivement au culte des trois Parques, les déesses qui, selon le système religieux des Grecs et des Latins, présidaient aux destinées humaines. Dans les Gaules, les Parques étaient généralement appelées *Fata*. C'est de ce mot que nos vieux écrivains de la langue romane ont tiré leur mot *faées*, qui a lui-même donné ensuite naissance au mot *fées*, comme de *prata* ils firent successivement *praés* et *prés*. Les fées, ainsi que les Parques, étaient représentées vêtues de longues robes blanches, la tête couronnée de fleurs, et, la plupart du temps, occupées à filer. Une autre analogie qu'elles avaient avec les trois déesses, c'est qu'elles passaient pour assister à la naissance des enfants, auxquels elles dispensaient les qualités et les défauts, la bonne ou la mauvaise fortune. Telle fut l'origine première des Fées. Mais les Fées, telles que l'esprit crédule et la vive imagination de nos pères les concevaient, étaient censées jouer un rôle bien plus considérable que les Parques. Il faut, en effet, pour être dans la vérité, les considérer comme des être qui résument en elles toutes les superstitions païennes. C'est ainsi que peu à peu on leur attribua les mœurs, les passions et les puissances spéciales aux déesses-mères, aux nymphes, aux femmes des faunes et des sylvains (*fatuœ*, prophétesses), en un mot à toutes les divinités champêtres que l'on regardait comme les protectrices des champs et des forêts, des moissons et des fruits, des sources et des rivières, des villes et des carrefours, toutes divinités dont le culte se conserva dans nos provinces longtemps après l'introduction du christianisme. En même temps encore, on confondit les Fées avec les  Druidesses, dont le souvenir a survécu bien des siècles après la chute de la religion qu'elles représentaient, et qui passaient pour des femmes privilégiées ayant le don de prophétie et possédant la science augurale. Les neuf vierges dont parle un géographe latin, Pomponius Méla, étaient des Druidesses, et ont des analogies incontestables avec nos Fées. Ces neuf vierges, qui résidaient dans l'île de Seïn, située près du cap le plus occidental de la Bretagne, avaient, dit-il, le pouvoir de commander aux vents et aux flots de l'Océan, prenaient à leur gré la figure d'un animal, guérissaient les plus graves maladies et connaissaient tous les secrets de l'avenir. D'après ce qui précède, on ne saurait donc douter que les Fées ne fussent le produit de traditions et de croyances empruntées tout à la fois au druidisme et au polythéisme gallo-romain.

Les Fées occupent une place importante, non-seulement dans les poésies bretonnes et galloises, mais encore dans les romans en vers de nos écrivains des XIIe, XIIIe et XIVe siècles. On ne saurait croire combien furent populaires au moyen âge les noms des fées Urgande la Déconnue; de Morgane, qui enleva Oger le Danois; de Viviane, qui captiva et emprisonna l'enchanteur Merlin; de Mélusine, moitié femme, moitié serpent, qui épousa Raymondin, comte de Poitou, et devint la tige de la maison de Lusignan; enfin de

Banschee, la protectrice des Fitz-Gérald en Irlande. La *femme blanche*, qui présidait aux destinées de quatre grandes familles princières de l'Allemagne et de la Bohême, qui se montrait vêtue de noir quand la mort menaçait quelque personnage appartenant à une de ces familles, qui apparaissait vêtue de blanc quand il s'agissait pour elle de figurer à un mariage ou d'assister à la naissance d'un enfant, ne fut pas moins célèbre que les autres fées que nous venons de nommer.

Il est constaté que, dès les temps les plus reculés de notre histoire, on croyait que les Fées avaient le pouvoir de se transformer et de transformer qui elles voulaient; qu'elles possédaient des anneaux qui rendaient invisibles les personnes qui les mettaient aux doigts, et qu'elles étaient armées d'une baguette magique au moyen de laquelle elles opéraient tous les miracles les plus étranges et les plus inconcevables. Les récits concernant des enfants transportés par elles dans un monde mystérieux plein d'or et de diamants, de fleurs et de fruits, de festins et de fêtes, font le sujet d'un grand nombre de ballades antiques. Dans tous ces contes, qui ont presque une valeur historique, tant ils sont empreints du goût, des idées, des superstitions en vogue au temps où ils ont été écrits, on voit ces dames se faire un jeu de bâtir en un clin d'œil des châteaux et des palais, d'improviser des parcs et des jardins, de traverser les airs sur des chars enchantés, de se transporter avec une vitesse, impossible à concevoir, aux extrémités du monde, d'exciter des orages et des tempêtes, de disposer à leur guise de tous les éléments, en un mot de s'assujettir, en les suspendant ou en les modifiant, les forces et les lois de la nature entière.

Il faut regarder comme certain que la plupart des superstitions païennes ont conservé leur empire, pendant bien des siècles, dans nos provinces de l'Occident. Toutes les prouesses surnaturelles dont on fit honneur à nos Fées et à nos Génies avaient été préconisées comme des articles de foi par les Grecs et les Romains. Personne n'ignore que leur mythologie abonde en exemples d'individus qui, métamorphosés par la puissance des dieux, ont donné leur nom à des fleurs et à des fleuves, à des pierres et à des oiseaux, à des animaux et à des astres. Combien de fois encore Jupiter ne s'est-il pas transformé pour réussir dans ses conquêtes amoureuses? La déesse Hécate ne prenait-elle pas souvent la figure d'un chien, et n'avait-elle pas le pouvoir de faire apparaître et parler des spectres d'une grandeur prodigieuse? Ne connaît-on pas la célébrité des magiciennes de la Thessalie, qui faisaient, dit-on, descendre la lune sur la terre? Phryxus ne traversa-t-il pas l'Hellespont monté sur le fameux bélier à la toison d'or, et Jason, pour s'emparer de la dépouille de ce fameux bélier, n'eut-il pas à combattre des dragons et des taureaux qui vomissaient des tourbillons de feu et de flammes? Médée, après avoir tué ses deux enfants, Médée si habile dans l'art des enchantements, ne s'éleva-t-elle pas dans les airs sur un char traîné par des dragons ailés? Circé, qui changea en pourceaux les compagnons d'Ulysse, n'habitait-elle pas une forêt inaccessible où elle gardait, enchaînés et soumis, des loups, des ours et des lions, qui étaient autrefois des hommes qu'elle avait transformés ainsi par la force de ses enchantements? Bellérophon, pour combattre la chimère, n'avait-il pas, pour le porter, le cheval ailé Pégase? Ne croyait-on pas à l'existence des

Lamies, spectres de femmes avides de chair humaine, surtout de la chair des enfants, qu'elles dérobaient dans les bras de leurs mères pour les dévorer? Tous les ans, au mois de mai, ne célébrait-on pas des fêtes pour éloigner et apaiser les *Lémures* ou *Larves*, esprits malfaisants, âmes des morts qui revenaient sur la terre pour tourmenter les vivants? Enfin les Grecs n'avaient-ils pas leur farouche *Mormô*, spectre terrible dont le nom seul inspirait de la terreur aux petits enfants, et qui a, avec notre Croquemitaine, l'analogie la plus claire et la plus évidente? Ces indications nous semblent plus que suffisantes pour bien établir la filiation et même l'identité des croyances populaires de notre moyen âge chrétien avec les croyances religieuses de l'antiquité païenne.

Dans les Gaules, on ne se bornait pas à affirmer l'existence des Fées, on ne doutait pas, non plus, que certains hommes, initiés aux secrets des sciences occultes, ne fussent doués d'un pouvoir surhumain. C'est dans les traditions celtiques et dans les contes gallois qu'on trouve les témoignages les plus anciens des croyances populaires relatives à ces hommes exceptionnels. Ainsi, les

bardes primitifs, — qui eux-mêmes étaient regardés comme des augures et des prophètes, — représentent le roi Arthur, le grand héros de la Bretagne, comme un véritable enchanteur : « Arthur,
« dit M. de Montmerqué, à l'érudition duquel nous
« empruntons nos meilleurs renseignements sur ce
« qui concerne les traditions bretonnes; Arthur est
« représenté comme ayant la nature entière sous
« sa dépendance : un cerf, un merle, un hibou, un
« aigle — « qui becquète les étoiles du ciel depuis
« le commencement du monde, qui a tout vu et qui
« sait tout, » — sont ses amis et consentent à ré-
« véler les mystères du monde, quand on vient les
« consulter de sa part. Un saumon, aussi formi-
« dable que le dauphin d'Amphion, porte sur son
« dos Kaï et Beduyr, ces deux fidèles compagnons
« du monarque auquel rien n'a jamais résisté sur
« la terre, comme dans les profondeurs des ré-
« gions souterraines. L'un et l'autre entendent le
« langage des animaux et peuvent converser avec
« eux. Beduyr a une lance — « qui fait saigner le
« vent. » — Kaï a la faculté de passer neuf nuits et
« neuf jours sous l'eau sans perdre la respiration;
« il devient à volonté aussi grand que les plus

« grands arbres des forêts; la pluie ne peut le
« mouiller; on dirait qu'il lui est resté quelque
« chose de son accointance avec l'Arthur sidéral,
« — Arthur devenu, suivant les conteurs, la con-
« stellation de la Grande-Ourse, qui brille au fir-
« mament, — car, dit-on, quand les compagnons
« de Kaï avaient froid, sa chaleur naturelle les ré-
« chauffait, et était telle qu'elle pouvait même leur
« servir à allumer du feu. » — La légende de
Merlin se rattache à celle d'Arthur. Merlin non-
seulement prédit l'avenir en sa qualité de barde,

mais il est encore le type
de l'enchanteur. Les poé-
sies racontent ses victoires
sur des devins, les mé-
tamorphoses qu'il subit à
volonté et celles qu'il fait
subir aux autres, enfin ses
combats avec les géants,
les dragons, les lions, les
monstres marins et les sor-
cières. On prétend qu'au moyen de quelques
paroles magiques il transporta dans la plaine de
Salisbury un monument funèbre dont les pierres

merveilleuses avaient la propriété de guérir les blessures. D'après les légendes, il s'était soumis à une fée des bois appelée Viviane, qui lui bâtit, dans un buisson d'aubépine, une prison charmée, d'où il ne put sortir et dans laquelle il mourut. — Le barde Taliesin, qui vivait au ve siècle, était considéré comme le chef des devins de l'Occident et avait, comme Merlin, comme Kaï et Beduyr, le secret de se métamorphoser. On dit qu'il prit tour à tour la figure d'un vieillard, d'un jongleur, d'un cerf et d'un nain. A ce propos, je dois dire, avec M. de Montmerqué, que l'idée du nain, sorcier, laid, bossu, difforme, plein de malice et d'astuce, et connaissant  l'avenir, est également empruntée à la mythologie celtique. D'après les traditions galloises, bretonnes et irlandaises, la sorcellerie, la laideur, la difformité, la noirceur, la méchanceté, le don de prophétie, sont, à peu d'exceptions près, les attributs caractéristiques de cette classe d'êtres surnaturels à laquelle appartiennent les nains, puisqu'on ne cite que quelques nains qui aient été attachés à de certaines familles pour lesquelles ils montraient un dévouement sans bornes. Ils passaient, du reste, pour être d'adroits forgerons et pour aimer la musique avec passion.

Ces créations de la foi superstitieuse de nos pères se transformèrent et se complétèrent avec les progrès de la religion et le mélange des peuples. Si nous consultons les livres où sont consignées les plus anciennes traditions de la Scandinavie, nous voyons mentionnées les *Nornes*, trois vierges qui peuvent être assimilées à nos Fées, et qui, comme celles-ci, ont la plus étroite analogie avec les Parques. Les Nornes sont appelées *Urda* (le passé), *Verandi* (le présent) et *Skulda* (l'avenir). Leur mission est d'assister à la naissance de chaque enfant et de décider de sa destinée. A côté des Nornes, la mythologie scandinave place *Frigga*, la reine des enchanteresses, la femme du dieu Odin, lequel était représenté monté sur un cheval à huit pattes et portant sur ses épaules deux corbeaux, qui lui servaient de messagers; puis *Freya*, la déesse de la beauté, qui, depuis la perte de son époux, verse des *larmes d'or*, et qui voyage dans un char tiré par un équipage de chats; *Frey*, son frère, qui distribue la pluie et le soleil, et qui gouverne tout ce qui a vie sur la terre. Il faut citer aussi le *loup Fenris*, fils de Loke, — l'ennemi des dieux, — et de la géante Angerbode, la messagère du malheur : Fenris, qui est l'artisan des tromperies, et de la bouche duquel sort une écume qui devient la source du fleuve des vices; enfin, les douze Valkyries, qui poussent leurs chevaux au travers des armées, coupent la trame de la vie des héros les plus fameux et les entraînent au ciel, dans le Valhalla, où ils se livrent éternellement des simulacres de combats, après lesquels ils s'enivrent d'hydromel, que les douze farouches déesses leur versent à pleines coupes. Les Scandinaves croyaient encore à l'existence de géants; doués d'une force extraordinaire, et de tout un peuple de pygmées, vivant sous les rochers et dans les souterrains, peuple rusé et malicieux, habile dans tous les métiers. Les Normands, en s'établissant dans la Neustrie, apportèrent de leur pays toutes ces traditions scandinaves, qui se mêlèrent et s'amalgamèrent avec nos propres traditions.

Il est certain aussi que les Français, qui fréquentèrent, vers le ixe et le xe siècle, les brillantes écoles arabes de Séville et de Cordoue, y trouvèrent le fameux roman d'*Antar* et les contes incomparables des *Mille et Une Nuits*, et durent rapporter et faire connaître dans nos provinces toutes ces merveilleuses créations du génie oriental, qui furent encore mieux et plus généralement connues après les croisades.

Nous ne dirons rien des *Elfs* de l'Allemagne, attendu qu'ils ne différaient en rien de nos fées et de nos enchanteurs; mais nous ferons remarquer que, lorsque les doctrines de la Kabbale, rédigées dans les premiers siècles de notre ère par d'illustres rabbins, eurent été traduites dans nos contrées, on leur emprunta toute une série d'êtres surnaturels : les sylphes et les sylphides, qu'on re-

présentait comme le zéphir, Cupidon et Psyché, avec des ailes transparentes attachées au dos, et qui régnaient sur les airs; les gnomes et les gnomides, génies bienfaisants, esprits peureux, de petite taille et de formes gracieuses, qui, comme le Vulcain des Grecs, avaient établi leur empire dans les entrailles de la terre, étaient préposés à la garde des mines d'or et d'argent et aidaient aux ouvriers ou les tourmentaient dans leurs travaux; les Ondins et les Ondines, qui, ainsi que les Tritons et les Naïades, étaient organisés pour vivre dans les profondeurs des rivières, des lacs et de la mer; enfin les Salamandres, génies mâles et femelles, qui vivaient au milieu des flammes et exerçaient un empire souverain sur le feu. Nos rapports avec les Orientaux n'ont pas moins contribué, comme nous l'avons dit, à agrandir le domaine des fictions qui avaient cours en Occident. Les Djinns et les Gouls des Arabes, les bons Péris et les Dives malfaisants des Persans, qui ont des analogies avec nos fées, nos enchanteurs, nos nains, nos ogres, sont venus s'ajouter au nombre des êtres fantastiques créés par l'imagination ardente, la crédulité naïve et l'ignorance aveugle des anciennes sociétés humaines, qui, presque toutes, afin de satisfaire leur passion instinctive pour le merveilleux, s'étaient plu à placer, à côté du monde réel, tout un monde d'êtres enchantés et capables eux-mêmes de produire des enchantements.

Avec l'étude sérieuse des phénomènes de la nature, ce monde fantastique, si riche en poétiques inspirations, s'est évanoui et a disparu. C'en est fait aujourd'hui de toutes les puissances occultes qui peuplaient, pour nos aïeux, le ciel et la terre, les profondeurs de l'eau et les régions du ciel. Adieu, les Génies et les Fées, et les Farfadets, et toutes ces créations étranges que nous devions aux riantes traditions de l'Asie ou aux sombres rêves des peuples du Nord. Notre société moqueuse et incrédule les a effrayés. Ils ne se révèlent plus à nous avec leur bonne grâce d'autrefois, et leurs histoires ne bercent que rarement nos enfants, comme elles nous ont bercés nous-mêmes si délicieusement. Ils n'appartiennent plus qu'aux érudits, gens tristes et chagrins, dont ils ne dérideront pas le front austère, et pour lesquels ils seront un sujet d'éternelles disputes. Si nous avons lieu d'être fiers de l'indépendance de notre esprit, qui a justement réduit au néant toutes ces fabuleuses créations, nous n'en devons pas moins regretter vivement les honnêtes émotions qu'elles ont si souvent réveillées dans nos cœurs. A nous en est la faute, car c'est nous qui avons brisé les innocentes idoles qui faisaient notre joie et qui avons détruit le prestige qui les entourait. Il est vrai que nous avons remplacé tout cela par les somnambules à double vue, par les tables tournantes qui s'agitent sous l'influence de la volonté, par les esprits qui conversent, qui savent tout, devinent tout et connaissent tout, sans excepter la tourbe des sorciers et des charlatans qui tirent les cartes, disent la bonne aventure et, en fin de compte, ne sont pas moins savants ni moins habiles que les esprits. Tous les miracles que l'on raconte à leur propos, toutes les merveilles que l'on croit avoir constatées de bonne foi ne peuvent être considérées que comme d'adroits mensonges, d'éhontées supercheries ou d'habiles tours de passe-passe, puisque magnétiseurs et spirites ont échoué avec confusion dans les rares occasions où ils ont osé affronter le contrôle des grands corps scientifiques de notre pays.

Nous préférons les anciens contes. Souvent il nous arrive de songer à ces histoires, — ou joyeuses ou terribles, — qui ont amusé nos jeunes années, le soir, au coin du foyer paternel; d'évoquer tous ces génies fabuleux qui planent dans le monde idéal, et de rire de la bonne foi crédule avec laquelle nous écoutions le récit de leurs prouesses. Hélas! ils ne répondent plus à notre appel, et nous n'entrevoyons plus leurs formes indécises qu'à travers les nuages de plus en plus épais du passé. Ils n'aiment plus que le charmant sourire et les douces terreurs des petits enfants, se cachant dans le sein de leurs mères, près de l'âtre silencieux, pendant les longues soirées d'hiver. Combien ne regrettons-nous pas de ne plus nous rappeler les innombrables histoires dans lesquelles les Fées jouaient le principal rôle, et que nous avons écoutées autrefois avec un recueillement plein d'admiration, les yeux ébahis, la bouche béante, le corps immobile. On retenait son souffle, et le cœur palpitait d'anxiété et d'émotion, en attendant le dénouement, qui devait souvent être un utile et sérieux enseignement.

Cependant, si le souvenir des Fées est complétement effacé pour nous, citadins, instruits et policés par la civilisation, il n'en est pas de même pour les paysans de nos provinces françaises, qui se transmettent de génération en génération les traditions les plus anciennes. A chaque pas que l'on fait dans nos campagnes, on retrouve encore quelque objet qui rappelle les Fées. Voici les grottes sauvages qu'elles s'étaient creusées, les cascades bruyantes qu'elles avaient fait jaillir, les quartiers de roc que, tout en filant, elles ont portés dans leur tablier. Voilà les ruines qu'elles se plaisaient à habiter, les beaux arbres qu'elles ont plantés et dont elles recherchaient l'ombrage; çà et là  on montre les sites champêtres qu'elles ont illustrés de leur présence; ailleurs, les verdoyantes prairies et les mélancoliques bruyères où elles venaient danser par des nuits étoilées, à la pâle clarté de la lune. Tantôt on nous les peignait belles et bonnes comme les anges, protégeant certaines familles, venant en aide aux faibles et aux malheureux, et n'assistant à la naissance des enfants que pour les doter de toutes les qualités du cœur et de l'esprit et leur préparer, dans l'avenir, une voie semée de fleurs; tantôt on nous les montrait vieilles, laides et méchantes : celles-là se plaisaient dans le mal, jetaient de mauvais sorts sur les enfants, et volaient les nouveaux-nés à leurs mères pour les entraîner dans des régions lointaines, dans des pays inconnus, et les condamner à une existence de privations et de douleurs. Heureux l'homme auquel une fée se dévouait comme Viviane se dévoua à Lancelot-du-Lac : tout était pour lui succès et allégresse; plus malheureux celui qui avait une fée pour ennemie, ainsi que la fée Morgane l'apprit cruellement à ce même Lancelot, qui l'avait dédaignée.

Qui n'a entendu parler de leur pouvoir miraculeux pour répandre à pleines mains des richesses inépuisables, parcourir d'immenses espaces avec la vitesse de l'éclair, et transformer, suivant leur volonté, tout ce qu'elles touchaient de leur baguette magique? Nous connaissons leurs luttes, leurs stratagèmes, leur don de prophétie. On nous a promené dans leurs palais enchantés, assemblage de l'or le plus pur et des pierreries les plus précieuses; au milieu de leurs jardins d'une beauté indescriptible. Souvent elles entraînaient quelque heureux mortel dans ces lieux de délices, ainsi qu'il arriva à Ogier-le-Danois. La fée Morgane l'emmena dans sa merveilleuse demeure, et là, dit un vieux romancier : « tant de joyeux passetemps lui faisoient les dames faés qu'il n'est créature en ce monde qui le sceust imaginer, ne penser; car les ouïr si doulcement chanter, il lui sembloit properment qu'il fust en Paradis. Si passoit le temps, de jour en jour, de sepmaines en sepmaines, tellement que ung an ne lui duroit pas ung mois. »

Les méchantes fées étaient fort redoutées. On prenait toutes sortes de précautions pour ne pas les irriter et pour éloigner les maux qu'on attribuait à leur maligne influence. C'est ainsi que, tous les ans, dans l'abbaye de Poissy, on disait une messe, afin de préserver le pays de leur colère. Dans certaines contrées, en Écosse, par exemple, bon nombre de paroisses laissaient inculte une pièce de terrain, qui était mise en réserve pour quelqu'un de ces esprits malfaisants. A une certaine époque de l'année, elles sont encore maintenant la terreur de nos campagnes. Le 1ᵉʳ mai, les fées *rousinent*, comme l'on dit : c'est-à-dire qu'elles se promènent au-dessus des prés et emportent la rosée des plantes avec leurs robes flottantes ; les va-

ches qui mangent l'herbe de ces prés desséchés ne donnent plus qu'un lait bleu et sans crème. — Les méchantes fées aussi soufflent, en passant, sur les vignes et sur les champs ; alors, les vignes gèlent et leurs feuilles tombent jaunies avant le temps ; alors, les blés n'apportent plus qu'un épi maigre et vide. On sait que, pour les éloigner, nos pauvres villageois s'évertuent encore, en beaucoup de lieux à faire, toute la nuit de ce même 1ᵉʳ mai, le vacarme le plus étourdissant, bien persuadés que, de cette façon, ils doivent réussir à préserver leurs récoltes des désastres auxquels elles sont exposées pendant cette nuit fatale.

Après les Fées, les êtres fantastiques les plus connus chez nous sont d'abord les *ogres*, dont l'origine remonte au ixᵉ ou xᵉ siècle. Quand les Oïgours, — les Hongrois de nos jours, — tribu tartare venue des confins de la Chine, se répandirent dans certaines contrées de l'Europe, ils avaient l'aspect si sauvage et des mœurs si cruelles que leur nom devint synonyme d'homme féroce. Ils avaient, d'ailleurs, assurait-on, une avidité démesurée pour la chair humaine. Il ne fallut donc pas faire beaucoup de frais d'imagination pour qu'on s'imaginât qu'ils mangeaient les enfants. Oïgours et ogres sont deux formes d'un même mot. Puis viennent les *lutins*, qu'on appelle encore *follets* ou *fadets* dans certaines circonstances : ce sont les *goblins* de la Normandie. Le lutin est un démon familier qui, invisible, habite les chaumières et les écuries. Il aime la propreté par-dessus tout, et aide les bonnes ménagères dans leurs travaux. Quand il est content d'elles, il va même jusqu'à mettre une pièce de monnaie, pendant leur sommeil, dans leur rustique sabot. Il a une prédilection particulière pour les enfants. La nuit, il les berce; le jour, il les promène, joue avec eux, les caresse et, au besoin, les châtie. Qui ne sait qu'au premier de l'an, il remplit, sous le nom du *bon père Janvier*, leur petite chaussure de jouets et de bonbons?

Il y a des chevaux que le follet aime et d'autres qu'il déteste, suivant son caprice. Ceux qu'il a pris en haine dépérissent à vue d'œil, car il dégarnit leur râtelier, vide leur crèche, souille leur litière, et un beau jour finit par les tuer à coups de fourche. Quant aux chevaux qui lui plaisent, leur sort est bien différent; ils sont toujours vifs, gras et luisants. Il les panse, il les frotte, les étrille, les lave, *lutine* leurs crins en tresses inextricables; pour eux, il pille les greniers à foin et force les coffres d'avoine. — Au matin, le follet part en faisant claquer son fouet dans les airs. On dit que, si une personne l'approche pendant qu'il est en fonctions, il se change en flamme et la dévore. Le lutin aime à se métamorphoser en cheval; sous cette forme, on l'appelle le *cheval Bayard* (de

En s'en allant, ils jetaient un peloton par la fenêtre, se mettaient à cheval sur ce fil et le déroulaient jusqu'au plus haut des airs.

bay, rouge). Il n'est pas alors de mauvais traits qu'il ne fasse au voyageur peu avisé qui se confie à son dos infernal : ce sont des ruades, des sauts, des écarts des gambades et des pirouettes, qui durent jusqu'à ce qu'il lui plaise de se débarrasser de son malencontreux cavalier, en le jetant sans façon dans une mare d'eau ou contre une haie de buissons épineux.

Le lutin est le plus souvent l'ami de la maison dont il a fait choix, ce qui ne l'empêche pas de jouer quelques tours malicieux à ses hôtes, quand, par hasard, ils ont blessé son extrême susceptibilité. On raconte encore que les lutins venaient quelquefois, pendant les veillées d'hiver, s'asseoir au milieu des travailleuses et filer eux-mêmes avec elles. En s'en allant, ils jetaient un peloton de fil par la fenêtre, se mettaient à cheval sur ce fil et le déroulaient jusqu'au plus haut des airs, pour retourner dans le pays des nuages.

Les *solèves* des Alpes, qui habitent sous les montagnes et se vouent à la culture des jardins; les *soirets* de la Lorraine, qui tressent et frisent les cheveux des jeunes filles; le *drac* de la Provence, qui prend à tâche d'égarer les petits enfants; et les *korrigans* de la Bretagne, nains difformes qui habitent sous les pierres druidiques et enlacent

au milieu de leurs rondes infernales les voyageurs égarés pendant la nuit, ne sont qu'une variété des lutins.

Nous n'en finirions pas, si nous voulions passer en revue tous les êtres fantastiques des vieilles légendes. Il nous faudrait parler des *gouls*, qui hantent les cimetières et fouillent les tombeaux pour y chercher leur hideuse pâture; des *vampires*, fantômes qui viennent la nuit sucer le sang des pauvres malades atteints de consomption; du *moine bourru,* qui va danser le soir dans les rues et sur les places de Paris, et frappe rudement les pas-

sants; de la *Male-Teste,* géant qui n'a qu'un seul œil au milieu du front, et qui, monté sur un cheval monstrueux, parcourt pendant la nuit les rues de Toulouse; du *Mulet-Odet* d'Orléans, du roi *Hugon* de Tours et de *Forte-Épaule* de Dijon, qui jouent dans ces villes le même rôle que le *moine bourru* à Paris. Puis ce seraient les *lycanthrophes,* ou loups-garous, hommes ou esprits malins qui la nuit se métamorphosent en loups, et qui, sous la conduite d'un chef, jettent en hurlant l'épouvante dans les campagnes, et disparaissent au matin; les *spectres,* qui errent tristement dans les cimetières, et les *fantômes,* âmes en peine, qui, à minuit, traînent des chaînes bruyantes et troublent le silence imposant des ruines féodales. Nous n'oublierions pas le *feu-follet,* flamme trompeuse, lueur phosphorescente, qui, le soir, voltige au-dessus des marécages, vous attire, marche devant vous, comme la colonne de feu devant les hordes israélites, et, loin de vous conduire dans la terre promise, vous entraîne dans des fondrières ou dans d'affreux précipices; — nous parlerions aussi du *chasseur sauvage* des Allemands, des *herlequins* ou de la *Mesnie-Hellequin* du Jura et de la Franche-Comté, de la *chasse-gayère* de nos provinces du centre de la France, sortes de fantômes qui parcouraient tumutueusement les espaces du ciel. Quand on entendait, à minuit, dans les airs, la voix des chasseurs, les aboiements des chiens, le son rauque du cor, les gémissements du cerf aux abois, les hennissements des chevaux, les détonations d'armes à feu, mille bruits enfin répétés par les échos des vallées et des cavernes, c'était la chasse-gayère qui passait. — Il faudrait enfin dire quelques mots de toutes ces sorcières qui s'assemblaient dans les carrefours, procédaient à leur œuvre infernale, composaient leurs philtres, célébraient leurs cérémonies impies, adoraient le bouc, et, au jour, s'enfuyaient dans l'espace sur leur vulgaire manche à balai, pour regagner leur demeure.

Si nous voulions faire une excursion dans les pays voisins, l'Angleterre et le Danemark nous fourniraient aussi une foule de types curieux à étudier. Nous trouverions les *duergar*, nains difformes et malveillants, qui vivent sous les rochers et dans les cavernes; *Nicksa*, le maître des fleuves et de la mer Baltique, le dieu des tempêtes, comme l'*Old-Nick* des Anglais, qui domine l'Océan, enfante les orages, et dont le nom seul est encore une cause de terreur glaciale pour les matelots. Nous parlerions du spectre *Dobie*, qui se multiplie à l'infini et habite une foule de lieux à la fois; de l'*Ourisck*, espèce de dieu Pan, qui aime les forêts et recherche les solitudes les plus retirées; enfin de l'*armurier Meming*, qui n'abandonne les armes incomparables qu'il fabrique que quand on les lui a enlevées après un combat acharné.

Mais il est plus sage de laisser à de plus savants que nous le soin de raconter les mœurs, les goûts, les fantaisies et les actions merveilleuses de cette population d'êtres fantastiques.

La conception de tous ces êtres, si divers par leur origine et leur caractère, par leurs formes, leurs attributions et leurs exploits, ne se rattache pas seulement à notre histoire littéraire, ainsi qu'à l'histoire des mœurs, des croyances et des superstitions du moyen âge; elle a fourni encore les éléments essentiels d'un genre de compositions romanesques, — les contes de fées, — qui ont été fort en vogue aux XVIIe et XVIIIe siècles, genre dans lequel se sont exercés avec succès beaucoup de beaux-esprits des règnes de Louis XIV et de Louis XV. Il nous a semblé que ces contes, assez oubliés depuis, pourraient encore de nos jours faire l'objet d'une lecture facile et amusante, et nous avons espéré qu'on nous saurait gré de les remettre en lumière. De tels récits, d'ailleurs, ne peuvent-ils pas être considérés comme une agréable diversion aux études sérieuses et trop souvent sèches et arides, qui font cependant, à juste titre, la base de notre éducation? N'est-il pas bon et salutaire de récréer l'imagination en même temps qu'on fortifie l'esprit, « d'emmieller, comme dit Montaigne, la viande salubre à l'enfant? » C'est ce que nous avons pensé, et c'est pour cela que nous avons entrepris cette publication.

Nous avons emprunté à divers écrivains des deux derniers siècles les éléments des cinq contes dont se compose ce volume. Voici, sur ce point, quelques renseignements indispensables pour les personnes qui seraient curieuses de recourir à nos anciens documents littéraires.

On ignore le nom des auteurs des divers récits qui nous ont fourni les principales données du conte intitulé : *la Petite Grenouille verte*. — Les aventures, qui forment le fonds de la féerie intitulée : *la Princesse Hébé*, se retrouvent éparses dans une série de contes dus à la plume de la comtesse Murat, née en 1670, morte en 1716. — On a attribué, mais sans preuves certaines, la conception de **Bellinette**, au savant comte de Caylus, à qui l'on doit un recueil de contes et de nouvelles. — Le récit du *Négociant Évaric* existe, par parties et sous forme orientale, dans le recueil des *Contes des Génies*, publiés à Londres d'après les manuscrits de sir Charles Morell, au commencement du xviiie siècle. Enfin la conception de *Biribinker* appartient à un écrivain allemand, à Wieland, qui, sous ce titre, a inséré une fantaisie assez décousue dans son roman de *Don Silvio de Rosalba*.

Nous devons déclarer que nous avons usé d'une liberté sans limites, pour refondre et même refaire complétement les anciens contes dont nous venons de parler. Ce travail nous a semblé nécessaire, attendu que ces récits, d'une conception d'ailleurs ingénieuse, sont, pour la plupart, d'une longueur excessive, et contiennent parfois des aventures qui ne sont pas d'un goût et d'une honnêteté irréprochables. Cette liberté nous sera facilement pardonnée, sans doute, si nous avons réussi à faire un livre dont la lecture soit un passe-temps agréable pour les enfants, — petits et grands, — grands, ajoutons-nous, parce qu'en fait de contes, nous partageons le sentiment de l'auteur de *Barbe-Bleue*, quand il dit :

> Pour moi, j'ose poser en fait
> Qu'en de certains moments, l'esprit le plus parfait

Peut aimer, sans rougir, jusqu'aux marionnettes,
Et qu'il est des temps et des lieux
Où le grave et le sérieux
Ne valent pas d'agréables sornettes.
Pourquoi faut-il s'émerveiller
Que la raison la mieux sensée,
Lasse souvent de trop veiller,
Par des contes d'ogre et de fée,
Ingénieusement bercée,
Prenne plaisir à sommeiller?

Sur ce, disons un tendre adieu à toutes les charmantes fictions que nous venons d'évoquer et qui s'effacent chaque jour de plus en plus de notre mémoire, trop oublieuse des petits bonheurs et des douces joies de nos premières années. Aujourd'hui permettons aux fées et aux enchanteurs, aux nains et aux sylphes, enfin à tous les êtres imaginaires, dont notre curiosité vient de troubler le repos, de regagner en paix les étoiles qu'ils habitent, les fleurs qui leur servent de palais, les grottes, aux cristaux étincelants, où ils ont établi leur séjour; ne nous opposons plus à ce qu'ils retournent vivre, chacun suivant son humeur, dans les régions ignorées qu'ils ont choisi pour leur olympe, dans leurs châteaux d'or et de diamants bâtis au-dessus des nuages, sous les feux resplendissants du soleil; laissons-les enfin se balancer à leur aise dans le feuillage des arbres, se retirer dans les ruisseaux murmurants ou dans les lacs paisibles, danser sur la bruyère, travailler dans leurs mines, se livrer à leurs ébats accoutumés au milieu des troupeaux ou reprendre leur place de prédilection dans la maison qui leur accorde une bienveillante hospitalité. Faisons mieux, promettons-leur les jattes de lait, les gâteaux feuilletés, les corbeilles de fruits et les rayons de miel dont ils sont si friands, et peut-être reviendront-ils à l'appel amical que nous leur ferons bientôt pour charmer encore quelques-uns de nos loisirs!

L. BATISSIER.

Il rendit la reine Églantine, sa femme, si malheureuse,
que la fée le punit en le faisant mourir,

LA

PETITE GRENOUILLE

VERTE

Dans un continent dont le nom n'est pas venu jusqu'à moi, il y avait deux rois, cousins germains, l'un nommé Diamantin et l'autre Péridor. Ils étaient protégés par la fée Fifine, qui les aimait, il faut le dire, beaucoup moins pour eux-mêmes que pour les princesses qu'elle leur avait fait épouser.

Les princes et les riches de ce monde trouvent tant de facilités pour satisfaire leurs passions, qu'ils ont besoin de plus de vertu que le commun des mortels, quand ils veulent être simplement honnêtes gens. Il ne faut donc pas s'étonner, si Diamantin, enivré de sa puissance et livré à l'emportement de ses désirs, gouverna mal ses États et son royal ménage. Il rendit la reine Églantine, sa femme, si malheureuse, que la fée le punit en le faisant mourir. Mourut-il pour de bon? C'est ce que nous verrons par la suite. Toujours est-il qu'on l'enterra bel et bien, et que toute la cour, qui, dans le fond du cœur, ne le regrettait peut-être pas infiniment, prit le deuil.

Une fille unique, qu'il laissa au berceau, hérita de ses États; mais la régence fut décernée à Églantine. Cette princesse était douée de toutes les vertus: elle était bonne, prudente et sage, et déployait, à l'occasion une fermeté d'esprit et une justesse de vues qu'on ne pouvait s'empêcher d'admirer ; de sorte que les grands la servaient avec respect, et qu'elle était adorée du peuple. Devenue veuve, sa douleur ne lui fit pas oublier ses devoirs de reine et de mère ; elle se consacra entièrement à l'administration de son royaume et à l'éducation de sa fille, à laquelle elle avait donné, le jour de sa naissance, le nom de Serpentine.

La fée Fifine, la protectrice des deux familles royales, un jour qu'elle faisait la revue du genre humain, fut frappée de la beauté de Serpentine. Elle consulta, sur l'esprit de la jeune fille, un dessus de violon enchanté, qui lui rapporta des discours si brillants et si enjoués, qu'elle jugea qu'il ne manquerait presque rien à la petite princesse pour être, dans l'avenir, une femme parfaite. Elle résolut de la protéger et pour cela de se rendre auprès d'elle. Mais, dans le but d'être agréée avec plus de joie par la charmante en-

fant, elle voulut lui être envoyée, sous forme de poupée, par une tante qu'elle aimait beaucoup. En conséquence, elle réduisit sa taille à la hauteur de celle des plus petits enfants, en conservant cependant, dans toutes les parties de son corps, les proportions les plus exactes et les plus harmonieuses. Elle donna à sa peau une dureté qui approchait de celle du carton, et elle couvrit cette peau d'un frais vernis, qui laissait voir la blancheur de son teint et le rouge dont elle avait la faiblesse d'aimer à parer son visage. Ce

fut sous cette forme qu'elle fut donnée à la petite princesse, qui la reçut avec les démonstrations de la satisfaction la plus vive. Serpentine la choya comme l'enfant le plus chéri. Elle ne trouvait pas d'étoffes assez riches et assez resplendissantes pour l'habiller,

pas de friandises assez recherchées à lui offrir, pas de lit assez moelleux pour la coucher. Sa poupée n'était pas seulement pour elle un jouet auquel elle avait voué une affection sans bornes, c'était encore une amie et même la confidente de tous ses plaisirs et de toutes ses petites misères. Comme Serpentine ne disait rien qui ne fût empreint d'une grâce particulière, comme ses manières avenantes exerçaient une séduction irrésistible sur toutes les personnes qui l'entouraient, il n'y a donc pas lieu de s'étonner que Fifine aimât Serpentine jusqu'à l'adoration. Si la petite princesse eût pu être plus clairvoyante, maintes fois elle eût surpris dans l'expression du regard et dans les sourires fugitifs de la bouche de la poupée, une marque certaine de la tendresse et de la gaieté que provoquaient ses soins, ses attentions, ses saillies, ses joies et ses vivacités. Du reste, la fée veillait avec sollicitude sur sa fille adoptive, éloignait d'elle les influences funestes du climat et des saisons, travaillait

à développer les bons instincts de son cœur, et ne négligeait rien de ce qui pouvait en faire une princesse incomparable.

Quand Serpentine eut atteint l'âge de dix ans, la poupée se déclara pour ce qu'elle était en réalité, pour la fée Fifine, et annonça que, tenant à s'occuper encore plus sérieusement de l'instruction de la jeune princesse, elle avait décidé, pour des raisons à elle connues, de l'emmener loin des distractions et du fracas du monde, dans son palais enchanté. Ces raisons étaient sans doute excellentes, puisque la reine Églantine, tout en versant un torrent de larmes, consentit à cette séparation, qui lui semblait le plus cruel événement qui pût encore désoler son cœur. Fifine, pour les voyages qu'elle entreprenait souvent à travers l'espace, s'était construit un grand navire avec des ais du liége le plus léger. Elle l'avait garni, en dehors, de plumes d'autruche que soulevait et qu'enlevait la moindre brise. Pour le dedans, elle l'avait garni de peaux de cygnes éclatantes de blancheur. Enfin, deux plumes de phénix, plantées aux deux extrémités de ce merveilleux bâtiment, avaient la vertu de rendre invisible et le vaisseau et tout ce qu'il contenait. Ce fut dans ce navire volant qu'elle transporta, en quelques instants, la petite princesse dans son palais, situé au delà des confins de notre monde.

Laissons-les dans leur nouvelle résidence, et revenons au roi Péridor, de qui nous n'avons presque pas parlé. Il est bien vrai que ce prince, malgré l'amour qu'il témoignait à sa femme, la reine Constance, et bien qu'il n'eût jamais oublié d'avoir pour elle les meilleurs procédés, ne put éviter d'être soupçonné de quelques petites galanteries. La faute, s'il y en eut, était sans doute pardonnable ; aussi ne fut-il puni, malgré les apparences, qu'indirectement, comme on le verra par la suite de cette histoire. La fée Fifine fit croire que la reine était morte subitement, et en même temps la fit disparaître. Le pauvre Péridor, en se voyant privé de l'objet de ses affections, sentit renaître dans son cœur des sentiments d'amour plus vifs que ceux qu'il avait jamais éprouvés. Sa situation devint même cruelle. Il ne lui restait, pour le consoler, qu'un fils unique, âgé de trois ans, nommé Saphir, auquel il s'attacha uniquement. Mais, à parler sincèrement, sa douleur ne lui permit jamais d'être un moment sans avoir présente à l'esprit la perte qu'il avait faite, et, quoiqu'il eût mérité déjà de son peuple les surnoms de Bon et de Juste, ses sujets ne purent s'empêcher de l'appeler encore le roi Triste. On le voyait toujours seul, assis dans un grand fauteuil, les bras croisés sur la poitrine, la tête penchée, le visage abattu, l'air morne, les joues inondées de larmes. Il est certain que personne n'a pu croire qu'il lui ait été possible de vivre, pendant quinze ans, dans une tristesse égale à la sienne. Pour moi, j'ai toujours été persuadé que les fées lui fournissaient sous main des moyens pour n'y pas succomber.

Le roi voulait que son fils reçût une éducation qui le rendît capable de régner sur une grande nation. On ne se borna donc pas à lui faire étudier des langues étrangères, à l'instruire dans le maniement des armes et à le rendre habile dans l'art du chant et de la danse; quelques savants d'élite furent chargés d'apprendre à Saphir l'histoire des peuples, les principes des sciences et les maximes de la philosophie.

Saphir avait parfaitement répondu à l'éducation que le triste Péridor lui avait fait donner. A parler sans prévention, on ne pouvait voir de prince plus accompli. Sa figure, toute charmante qu'elle paraissait, méritait encore moins d'éloges que son caractère. Il était né doux et aimant, et son esprit, orné d'une 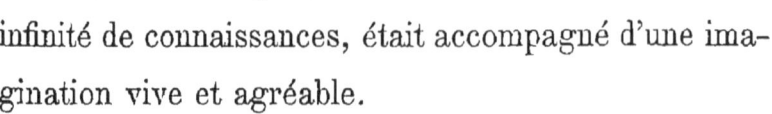 infinité de connaissances, était accompagné d'une imagination vive et agréable.

Quand il eut atteint l'âge de quinze ans, Fifine craignit que la tendresse à laquelle il était naturellement porté ne fût un obstacle aux desseins qu'elle avait sur lui. Elle plaça donc, dans la bibliothèque de Saphir, et cela sans affectation, un miroir tout

simple en apparence, puisqu'il n'était bordé que d'un cadre noir, tel que ceux qui venaient autrefois de Venise, et dont nos pères faisaient un si grand cas. Le prince fut quelque temps sans faire attention à ce nouveau meuble. Le jour où il le remarqua, il fut surpris, et se mit à le considérer. Avec quel étonnement n'aperçut-il pas dans cette glace, au lieu de sa figure, celle d'une jeune personne, belle comme le plus beau jour! Elle sortait de l'enfance, et une ravissante fleur de jeunesse embellissait les traits les plus agréables du monde. Saphir en fut frappé, et resta comme en extase. Le charme de cette merveilleuse glace ne consistait pas seulement à reproduire fidèlement le plus charmant portrait; elle peignait encore, avec la même exactitude, les actions de la vie extérieure de cette incomparable jeune fille, et produisait à chaque instant des tableaux d'autant plus attachants, que la plus jolie personne qu'on puisse rêver en était le figure dominante.

Ce miracle séduisit, comme on peut croire, le cœur du jeune prince. Saphir pensa qu'il ne pouvait exister sur la terre de jeune fille qui fût plus digne que celle-ci de devenir sa femme. A son sens, il lui était impossible de donner aux sujets du roi Péridor, quand il serait appelé à les gouverner, une reine qui fût douée de plus d'agréments, de plus de grâces et de plus de sagesse. Il lui était fort agréable, il faut en convenir, d'être le témoin de tous les faits et gestes de la belle inconnue; mais il ne pouvait imaginer quelle serait la fin d'une aventure qui était l'objet de ses plus intimes préoccupations; car enfin, qui était cette jeune fille? quelle était sa famille? où habitait-elle? où la chercher? où la trouver? où lui parler? voudrait-elle l'accepter pour époux? Autant de problèmes qu'il ne voyait pas le moyen de résoudre; aussi son esprit se révoltait-il souvent contre les sentiments dont son cœur était enivré.

Bientôt de nouvelles inquiétudes vinrent le tourmenter. Un jour qu'il se livrait à ses contemplations habituelles, il découvrit, reflété dans son propre miroir, un second miroir, parfaitement semblable au sien.

et qui devait avoir, lui semblait-il, la même propriété. Il ne se trompait pas; la belle inconnue le possédait depuis peu, et n'était occupée qu'à le regarder. Autre source de soucis! Pourquoi le nouveau miroir était-il si souvent consulté? Quelque peine que le prince se donnât, il ne lui était pas possible de distinguer ce qui s'y passait, le miroir étant enchanté de telle façon que Saphir ne pouvait pas voir dans sa glace ce qui se reproduisait dans l'autre. Il ne douta pas que ce ne fût la figure d'un homme qui eût le privilége de solliciter l'attention de la jeune fille, et c'en fut assez pour allumer dans son cœur le feu de la plus vive jalousie. Sans doute la fée le voulut ainsi, et il est à présumer qu'elle avait ses raisons.

Laissons pour un moment nos jeunes gens à leurs miroirs; nous les retrouverons bientôt, et revenons au roi Péridor, dont j'ai conté tout au plus juste le déplorable état. Une maladie de langueur s'était emparée de lui et faisait craindre pour ses jours. Son fils, sa maison, tous ses sujets éprouvèrent une inquiétude et une douleur si sincères, que je n'entreprendrai point de les décrire. Cette description ne pourrait que nous chagriner, le lecteur et moi.

Le roi Triste, pendant sa maladie, ne parlait que de

la reine, sa femme, et du regret qu'il avait de l'avoir offensée ; enfin l'espérance de la revoir un jour était la

seule consolation qu'il éprouvait. Toutes les Facultés de médecine, tous les empiriques et tous les charlatans avaient inutilement tenté une cure, contre laquelle les eaux thermales, cette panacée universelle, de même que les remèdes les mieux accrédités, avaient échoué. Las enfin de tous les propos inutiles et de toutes les citations, tant grecques que latines, que l'on faisait à chaque instant pour lui prouver qu'il était malade, a bout de toute complaisance, Péridor désira rester seul dans sa chambre et exigea qu'on ne vînt point l'y troubler.

Un des plus grands maux dont il souffrait était une oppression considérable, qui lui laissait à peine la faculté de respirer. Il voulut donc qu'on ouvrît les fenêtres de son appartement, afin de jouir d'un air frais et toujours renouvelé. A peine était-il seul depuis quelques moments, qu'un oiseau, au plumage éblouis-

sant, vint, après avoir voltigé quelque temps, se poser sur sa fenêtre. Son corps était bleu céleste. Ses pieds et son bec étaient de rubis, mais d'un si grand poli, qu'on n'en pouvait soutenir la vue. Ses yeux effaçaient, par leur éclat, le feu des diamants les plus brillants. Il avait sur la tête une couronne royale. En bonne foi, j'ignore de quelles matières cette couronne était formée; mais je sais sûrement qu'elle était encore plus précieuse que tout le reste. Pour son ramage, je n'en puis rien dire non plus, car l'oiseau ne chanta point; il se borna à regarder le roi, et, sous l'influence de ce regard, le roi sentit renaître toutes ses forces. L'oiseau fit plus; il vola dans la chambre en regardant toujours fixement le roi, pour qui chaque coup d'œil de son visiteur ailé était une nouvelle confirmation de santé. De sorte que Péridor se sentit bientôt vigoureux et dispos, tel enfin qu'il était avant sa maladie;

qu'il se leva, et que, ne pouvant résister à l'envie de se rendre maître d'un si beau et si gracieux oiseau, il fit tous ses efforts pour le saisir: mais, plus léger qu'un papillon et plus prompt qu'une hirondelle, l'oiseau sut l'éviter. Péridor, au désespoir, sonna, appela à grands cris; on entra en foule. Il n'écoute qu'impatiemment l'expression des sentiments de surprise et de joie que toute la cour, en le voyant si vif et si alerte, lui veut témoigner. Il dépeint l'oiseau qu'il a vu et qui vient de lui rendre la santé; il ordonne qu'on le recherche, qu'on le poursuive, qu'on le prenne, coûte que coûte, et qu'on le lui apporte. Il est obéi. On court à la hâte de tous côtés, soit à pied, soit à cheval; on bat tous les buissons, on parcourt tous les prés.

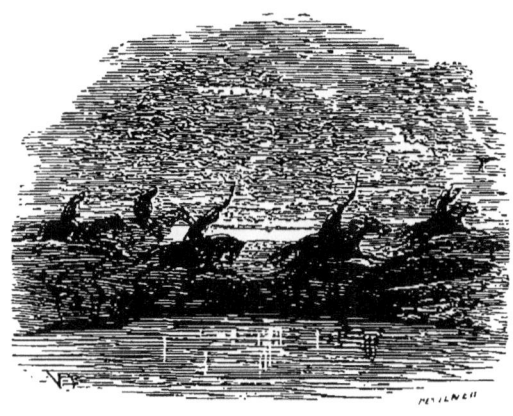

tous les bois et tous les champs. Mais ces grands mouvements ne produisirent, suivant la coutume, que beaucoup de tumulte et beaucoup de bruit. L'oiseau merveilleux ne se trouva point. Ce qu'il y eut de plus affli-

Les cèdres qui la composaient, respectables par leur vieillesse,
élevaient leurs têtes jusqu'aux nues.

geant, c'est que le roi ne tarda pas à retomber peu à peu dans l'état de langueur et de dépérissement où il était auparavant.

Saphir, pénétré de la plus vive douleur, se flatta d'être plus heureux que les autres dans les recherches dirigées pour saisir l'oiseau. Pourquoi l'espéra-t-il? Parce qu'il avait, plus que personne, le désir de réussir. Il partit donc et se mit à battre au hasard la campagne, recherchant plus spécialement les retraites favorites des oiseaux. Tout en marchant, cherchant, s'enquérant, il arriva dans une des plus immenses forêts du monde. Les cèdres qui la composaient, respectables par leur vieillesse, élevaient leurs têtes jusqu'aux nues. Malgré l'ombre que de si grands arbres répandaient autour d'eux, la terre était parée d'une herbe épaisse et émaillée des fleurs les plus rares. Saphir fut persuadé que l'oiseau merveilleux ne pouvait pas avoir d'autre retraite qu'un aussi délicieux séjour. Dans cette idée, il résolut de ne point quitter cette forêt qu'il n'en eût examiné tous les tours et les détours. Il imagina de faire peindre des filets et toute sorte d'engins de la couleur dont on lui avait dépeint l'oiseau, persuadé qu'il était que nous nous laissons aisément prendre aux objets qui nous ressemblent.

Non-seulement il avait à sa suite les oiseleurs les plus expérimentés du royaume; mais tous ses serviteurs excellaient dans l'art de chasser. Je vous laisse à penser quelle innombrable quantité d'oiseaux de toute espèce furent saisis dans la foule de piéges qui leur étaient tendus nuit et jour. Par bonheur, les victimes étaient relâchées aussitôt qu'elles étaient prises. Un

jour il arriva qu'on saisit trois perroquets, auxquels on s'empressa de donner la liberté; mais, au lieu de s'enfuir à tire-d'ailes, ils se perchèrent près du prince Saphir, et, comme ils parlaient, ils lui offrirent leurs services. — « Envoyez-nous, dirent-ils, auprès du roi Péridor, et non-seulement nous vous servirons de courriers, aussi rapides que le vent, pour porter de vos nouvelles, mais encore, comme nous avons la prétention d'avoir quelque intelligence et quelque savoir, nos conseils ne lui seront pas inutiles pour l'administration des affaires de son royaume. » — Saphir remercia de la meilleure grâce les trois perroquets, accepta leurs services, et les expédia au roi Péridor, qui désormais fut tenu au courant des aventures de son fils.

Saphir n'eut donc plus lieu d'être tourmenté par les soucis que lui causait son éloignement de la cour de son père, et continua ses chasses avec une nouvelle ardeur. Un jour qu'il était pressé par la soif, après de longues courses, il arriva devant une fontaine d'une construction rustique, et dont l'eau, claire et vive, retombait, de vasque en vasque, dans un large bassin. Il tira de sa poche une tasse d'argent, et se mit en devoir de la remplir. Au même moment, une petite grenouille verte, beaucoup plus jolie qu'une grenouille ne

le peut être, sauta dans la tasse. Peu touché de ses agréments, il la rejeta; la grenouille, plus vive qu'auparavant, fit un nouveau saut dans la tasse. Saphir se préparait à la rejeter encore avec une sorte d'impatience, quand la petite bête, le regardant avec les plus doux et les plus beaux yeux du monde, lui dit : — « Je suis l'amie de l'oiseau bleu-céleste : ménagez-moi et buvez ; vous m'écouterez ensuite. »

Quand le prince eut étanché la soif qui le dévorait, il ne vit aucun inconvénient à obéir à la jolie grenouille ; celle-ci l'engagea à s'asseoir et à se reposer. Il prit donc place sur l'épais gazon auquel la fontaine prodi-

guait une eau toujours fraîche Pour lors, elle lui dit :
— « Si vous voulez réussir dans votre entreprise,
faites de point en point tout ce que je vais ordonner.
Rassemblez votre suite et établissez-la dans un hameau que vous trouverez à quelques pas d'ici. Pour
vous, vous prendrez tout seul une grande route que
vous rencontrerez sur votre droite, en marchant du
côté du midi. La route, toute plantée de cèdres du Li-

ban, est longue. A l'extrémité s'élève un château superbe. Recevez de moi ce petit présent, ajouta-t-elle
— en lui présentant, avec une grâce et une politesse
extraordinaires pour une grenouille, un grain de sable;
— vous mettrez ce grain dans la terre, le plus près que
vous pourrez de la porte du château; il aura la vertu de
la faire ouvrir et d'endormir toutes les personnes qui
habitent le château. La porte ouverte, entrez, marchez

droit à l'écurie, choisissez le plus beau de tous les chevaux qui s'y trouveront, montez promptement des-

sus et venez me trouver ici le plus vite qu'il vous sera possible. Adieu! prince, je vous souhaite fortune! »
— Cela dit, la grenouille verte se plongea dans l'eau, et ne parut plus.

Le prince, animé de plus d'espérances qu'il n'en avait eues depuis son départ, exécuta ce qui venait de lui être prescrit; il laissa ses gens dans le hameau, trouva la route qui lui avait été désignée, la suivit tout seul, et, enfin, arriva à la porte d'un château qui lui parut magnifique; et c'était avec raison, car ce château était de cristal de roche; quant aux ornements ils étaient rehaussés de lames d'or, ciselées avec un art infini. Ces beautés frappèrent peu la vue de Saphir, qui ne songea qu'à semer son grain de sable. Le grain semé, la porte s'ouvrit aussitôt, et tous les gens qui habitaient le palais s'endormirent. Saphir alla droit à l'écurie; il avait fait choix déjà du plus

beau des chevaux dont elle était remplie, lorsqu'il aperçut, tout auprès de ce rare animal, la plus riche selle qu'il eût jamais vue. Il ne douta pas que ce ne fût l'équipage destiné à sa nouvelle monture, et, sans s'imaginer faire le moindre mal (en effet, qui prend le cheval peut bien prendre la selle), il la mit sur le dos du superbe coursier. Au même instant, tous les gens du château se réveillèrent et se jetèrent sur notre

héros, qui était bien et dûment arrêté qu'on criait encore au voleur. Il fut entraîné devant le seigneur du lieu, qui, prévenu en sa faveur, plus par sa bonne mine que par les raisons qu'il allégua, voulut bien lui permettre de se retirer, non toutefois sans lui avoir fait quelques remontrances. Quoi! entrer furtivement dans l'enceinte d'un château! Vouloir non-seulement y dérober un cheval, mais encore soustraire le harnais! N'était-ce pas là un cas pendable? — « Songez-y! ajouta le maître. Si vous tentez encore chez moi une escapade de ce genre, vous pouvez être assuré de mourir sous le bâton. Retirez-vous au plus vite, et que je n'entende plus parler de vous! »

Saphir, bien confus, bien triste, bien affligé, revint à la fontaine, où la grenouille le traita tout au plus mal. — « Pour qui me prenez-vous? lui dit-elle, gonflée de colère. Croyez-vous, de bonne foi, que ce soit pour le plaisir de bavarder que je vous ai donné les avis dont vous avez si mal profité? » — La douleur du prince fit agréer ses excuses, et la bonne grenouille, s'étant laissé attendrir, lui donna encore un petit grain; mais, pour cette fois, c'était un grain d'or. Elle lui recommanda d'observer, quant à la route, les mêmes indications qu'à son premier voyage au château, à la seule différence qu'au lieu d'aller à l'écurie qui lui avait été si funeste, elle lui ordonna d'entrer dans le château le plus vite qu'il le pourrait, et de suivre l'enfilade des appartements, jusqu'à ce qu'il trouvât une chambre remplie de parfums, dans laquelle une fille endormie et d'une beauté parfaite se présenterait à sa vue. — « Éveillez-la, ajouta-t-elle, et amenez-la sur-le-champ, quelque chose qu'elle puisse vous dire pour s'opposer à votre dessein. »

Saphir commença par exécuter de point en point les ordres de la grenouille, et tout lui réussit encore : la porte s'ouvrit; il trouva tous les gens du château plongés dans le plus profond sommeil, parcourut les appartements en toute liberté, et arriva dans la chambre, où une jeune fille, d'une admirable beauté, dormait,

couchée sur un lit. Le prince l'éveilla, en la priant d'une façon assez déterminée de vouloir bien le suivre :
— « J'y consens, dit la belle, mais à la condition, Monsieur, que vous me permettiez seulement de mettre une jupe. Que dirait-on de vous et de moi, si l'on vous

rencontrait, me donnant fort poliment la main, pendant que je serais à peu près en chemise? » — Cette proposition parut à Saphir trop naturelle pour être refusée.

Mais la belle n'eut pas plutôt touché cette fatale jupe, que toute la maison s'éveilla, et que, bien plus sérieusement que la première fois, le prince fut arrêté et garrotté. Il était si troublé de la faute qu'il avait commise, si fâché de sa sotte complaisance, si déconcerté d'avoir été pris au piége, qu'il ne sut que dire pour se justifier. Pour moi, j'ai toujours pensé que les fées avaient séduit ses juges. En effet, comment pouvait-on l'excuser, et quelle peine ne méritait-il pas, étant pris en flagrant délit, et, qui pis est, en état de récidive? Quoi qu'il en soit, on le mit à la porte assez brutalement. Assurément, il l'échappait belle, et il sentait bien que, s'il eût été roué de coups, il n'aurait eu que ce qu'il méritait. C'était une consolation pour lui toutefois de sortir sain et sauf du château; mais sa satisfaction était troublée par l'idée du mauvais accueil qu'il recevrait de la grenouille, sa bienfaitrice. Comment se résoudre à paraître devant elle, après ce qui s'était passé? Il prit à la fin son parti, et se rendit, honteux et repentant, à la fontaine. La grenouille le gronda, le chapitra, fit ce qu'on appelle un train épouvantable. Le prince demanda pardon, représenta qu'il était bien difficile de refuser à une jolie personne, — qui, d'ailleurs, veut bien vous suivre, — la simple permission de ne mettre qu'une jupe. — « Il faut faire ce que j'ordonne, lui dit d'un ton de colère la jolie grenouille; rien de plus, rien de moins. Qui veut trop bien faire se nuit; et quand il s'agit d'exécuter des ordres précis, le mieux est souvent l'ennemi du bien ! »

Saphir fit tant d'excuses et exprima tant de regrets, qu'elle se rendit encore à ses prières; elle se radoucit même tout à fait, et lui donna un petit grain de diamant. — « Retournez au château, lui dit-elle; semez à la porte ce grain de diamant, mais ne pensez plus ni à l'écurie, ni à la chambre de la belle personne; elles vous ont été trop fatales. Allez droit au jardin, passez sous un portique qui se trouvera en face d'un bosquet au milieu duquel s'élève un arbre dont la tige est dorée et dont les feuilles sont d'émeraudes. Sur cet arbre vous trouverez perché l'oiseau bleu-céleste que vous cherchez avec tant de soin; vous couperez la branche sur laquelle il repose, et vous me l'apporterez sur-le-champ. Mais je vous avertis, en bonne amie,

Quel fut son étonnement quand il aperçut une jeune fille
dont la vue le mit hors de lui-même.

que, si vous voulez n'en faire qu'à votre tête, comme il vous est arrivé déjà deux fois, vous n'avez plus de secours à espérer, ni de moi, ni de personne. » — Après ce discours, elle se précipita, comme à l'ordinaire, dans son bassin et se cacha sous l'eau.

Le prince, frappé de ces menaces, se mit de nouveau en route, dans la ferme résolution d'exécuter, cette fois-ci, les ordres qu'il venait de recevoir, de point en point, sans rien y diminuer, ni sans rien y ajouter, quoi qu'il pût arriver. Il trouva tout ce qui lui était annoncé : le jardin, le portique, le bosquet, l'arbre superbe et l'oiseau bleu-céleste qui dormait profondément sur une branche dorée.

Il coupa la branche, et quoiqu'il vît à côté de lui une cage d'or, d'un travail exquis, qui lui semblait convenir très-fort pour emporter sa proie avec plus de facilité, il n'en fit aucun usage, et revint à la fontaine, marchant sur la pointe des pieds et retenant son haleine, tant il craignait d'éveiller le bel oiseau. Quel fut son étonnement, quand il aperçut, à la place de la fontaine, un petit palais, rustique à la vérité, mais bâti dans le meilleur goût, et sur la porte de cette agréable demeure, une jeune fille dont la vue le mit hors de lui-même. Vous n'en serez point surpris, en apprenant qu'il avait devant les yeux, en réalité, l'inconnue qui lui apparaissait dans le miroir enchanté. « Quoi! Madame, — ne sachant au juste ni ce qu'il faisait, ni ce qu'il disait, tant il était ému, — quoi! c'est vous! » — La dame, en rougissant, lui dit : — « Seigneur, quant à vous, votre figure m'est bien connue; mais je ne pensais pas que vous m'eussiez déjà vue. » — « Ah! Madame, lui répondit-il, vous ne sauriez croire combien d'heures et de jours j'ai passés à vous admirer dans mon miroir! » — Ce commencement d'entretien assez décousu fut suivi du récit circonstancié de tout ce qui leur était arrivé, et ils furent convaincus qu'ils étaient l'un et l'autre l'objet des attentions que chacun d'eux avait portées à son miroir enchanté. Ils purent se raconter telles circonstances de leur vie qu'ils croyaient assurément ignorée de l'univers entier. Ces innocentes et affectueuses confidences établirent entre eux la douce intimité qui existe entre un frère et une sœur, qui, enfants, ont mis en commun leurs joies et leurs petits chagrins, leurs plaisirs et leurs peines d'un moment.

Le prince, après quelques instants de la plus tendre conversation, ne put s'empêcher de demander à la dame inconnue par suite de quelle heureuse circonstance elle se rencontrait dans cette forêt. Il la pria de lui dire ce qu'était devenue la fontaine, et la conjura surtout de lui donner des nouvelles d'une petite grenouille verte à laquelle il était redevable de son bonheur, et à laquelle il avait promis de rapporter l'oiseau bleu-céleste, qui, par parenthèse, dormait toujours sur sa branche d'or et d'émeraude. La dame lui raconta sa naissance, son éducation, les gentillesses de sa poupée, son voyage sur le navire volant et son séjour dans le palais de la fée Fifine. — « Là, dit-elle, j'étais chargée par la fée de composer et de fabriquer le fard de jeunesse qu'elle distribue, chaque semaine, aux dames de ses amies dont la figure vieillit, et qui veulent encore plaire, malgré les ravages que les années ont exercés sur toute leur personne. Je me suis oubliée un jour devant le miroir. Trop de curiosité m'a perdue. J'ai négligé la confection du fard de jeunesse, et Fifine, pour me punir, m'a changée en la petite grenouille verte que vous avez connue. La punition n'a pas été longue, puisqu'elle ne date que d'avant-hier ; elle n'a pas été trop rude, puisqu'elle a été l'occasion de notre rencontre, et qu'elle vous a fait trouver l'oiseau si longtemps cherché. C'est, d'ailleurs, sur les ordres de la bonne Fifine que je vous ai donné les indications auxquelles vous devez le succès de vos démarches. Ainsi, aimez Fifine, qui vous veut tant de bien, et, à la première occasion, ayez soin de lui témoigner toute votre gratitude. »

Ils en étaient là de leur conversation, qui n'aurait pas été sitôt terminée, si le bel oiseau, se réveillant tout à coup, n'eût sauté sur l'épaule de Saphir, d'où il ne voulut jamais partir, et ne se fût mis à l'accabler de toutes les caresses qu'un oiseau peut faire. En même temps apparut, dans son navire volant, l'excellente Fifine, accompagnée d'une femme très-belle, mais qui n'était plus de la première jeunesse. Cette dame n'était autre que la reine Églantine que la fée était allée chercher, dans la prévision, sans doute, de quelque événement important où sa présence serait nécessaire. Elles descendirent du navire volant, et Fifine, relevant avec bienveillance la princesse Serpentine qui s'était jetée à ses pieds, la présenta à la reine, en lui disant : — « Je vous rends votre fille ; je suis contente de son esprit, et elle sera digne de vous par les qualités de son cœur. » — Elle lui présenta en même temps le prince Saphir, à qui elle fit mille amitiés. Elle loua beaucoup le dévouement et le respect qu'il avait témoignés à son père, le roi Péridor, et l'assura que sa protection ne lui ferait jamais défaut. Je vous laisse à imaginer le tableau touchant que présentèrent cette rencontre et cette reconnaissance, si peu attendues et si bien ménagées par la fée.

Après qu'on se fut bien fêté, bien embrassé, Fifine, d'un coup de baguette, transforma son navire volant en une élégante voiture à quatre places attelée de quatre fines gazelles. Elle s'assit avec la reine Églantine dans le fond; Serpentine et Saphir (ayant toujours le bel oiseau sur l'épaule) se mirent sur le devant. Puis la voiture fendit les airs avec la rapidité d'un aigle, et s'arrêta devant le palais de Péridor. Ce bon roi s'était fait porter dans un vestibule très-aéré; il était si malade, qu'il semblait toucher à son dernier moment. Avant que le char ne fût arrêté, le bel oiseau avait pris son vol et s'était dirigé à tire-d'ailes vers le roi. Dès qu'il eut pénétré dans le vestibule, l'oiseau avait repris les traits de la feue reine Constance, que la fée avait fait passer pour morte, qu'elle avait enlevée et transformée en oiseau, en lui laissant une seule fois la faculté d'aller visiter, pour quelques instants et sans qu'elle pût se faire reconnaître, son époux désolé. A la vue de sa femme, qu'il avait si bien cru morte, Péridor retrouva, en un instant, comme par miracle, sa santé et sa vigueur d'autrefois. Pour Constance, elle témoignait à son mari et à son fils Saphir la joie qu'elle éprouvait de les revoir, en même temps qu'elle assurait la fée de sa plus vive et de sa plus tendre reconnaissance. Elle exprimait tous ces sentiments à la fois, avec le désordre de la surprise et de l'excessif bonheur, quand on vit arriver à travers les espaces de l'air un second char, traîné par six hippogriffes ruisselants de lumière. C'était l'équipage de la fée Bamboche, amie de Fifine. Cette fée était d'humeur légère et même un peu folâtre; mais, comme elle avait le cœur bon, comme elle était toujours prête à rendre service et à faire le bien, Fifine l'aimait infiniment; aussi, en maintes occasions, l'avait-elle aidée à se tirer des mauvais pas où l'avait entraînée sa passion pour les aventures hasardeuses et extravagantes. Bamboche amenait le roi Diamantin, lequel n'était pas mort. Fifine s'était bornée, au lieu de le faire mourir, à le faire disparaître du monde. Il avait été puni avec une extrême rigueur, car il avait été enfermé par elle entre quatre chaises dans un vieux château en ruines, et, pendant dix-sept ans, il n'avait pu bouger de là. Il est vrai qu'il avait eu le loisir, tout en faisant tourner ses deux pouces l'un autour de l'autre, de se livrer à de tristes réflexions sur sa mauvaise conduite d'autrefois; aussi revenait-il plus passionné que jamais pour sa femme et dans la ferme résolution de lui être fidèle. Églantine pardonna le passé, et le raccommodement fut de part et d'autre aussi tendre que sincère. Ils virent briller de nouveau pour eux, sur leurs vieux jours, la lune de miel qui avait fait l'enchantement de leur jeunesse.

Au milieu de tant de reconnaissances et de contentements, nos jeunes amants étaient dans une perplexité difficile à exprimer; ils savaient bien ce qu'ils désiraient, mais ils n'osaient le dire. La fée Fifine vint à propos à leur aide. Elle prit Serpentine par la main, et dit aux deux rois et aux deux reines : — « Voici la femme que j'ai destinée au prince Saphir. J'ai orné son esprit et développé les plus délicats sentiments de son cœur, pour qu'elle fût digne d'un prince qui est destiné à faire un jour la gloire et le bonheur de ses sujets. Je sais parfaitement qu'ils ont du goût l'un pour l'autre et qu'ils se connaissent depuis longtemps, — de très-loin, à la vérité, — grâce à deux miroirs que je leur ai donnés. Il faut donc les marier. » L'alliance proposée par la fée fut vivement approuvée, et nos deux amants furent au comble de la joie.

Fifine et son amie assistèrent bientôt à trois mariages, car, en effet, il y en eut trois ; je ne crois pas que l'on puisse me le disputer. Et tout le monde fut content et sage par la suite, chacun ayant profité de la leçon qui lui avait été donnée et des épreuves qu'il avait eues à traverser.

Péridor et Diamantin, comblés des bienfaits et des faveurs des fées, voulurent que leur histoire devînt publique, afin qu'elle pût servir d'instruction à tous les hommes ; enfin, pour donner encore une plus grande marque de leur reconnaissance envers Fifine, ils firent rassembler toutes les histoires de féerie qui avaient cours dans les royaumes voisins, et c'est une partie de ces contes qu'on lira dans la suite de ce volume.

La malheureuse fée fut remise toute vive et frétillante entre les mains de la jeune fille.

LA
PRINCESSE HÉBÉ
ET LE
PRINCE PERCIN - PERCINET

Qui connaît les fées ne peut ignorer que ces hautes et puissantes dames, malgré toute leur science et tout leur pouvoir, n'avaient pu trouver le secret de se soustraire à la dure nécessité de changer de figure un jour de chaque mois, en prenant la forme d'un animal, vivant soit sur la terre, soit dans l'eau, soit à travers les espaces du ciel. On sait aussi que, pendant ces jours dangereux où elles se trouvaient exposées à la cruauté de leurs ennemis naturels, elles ne parvenaient pas toujours à se préserver des dangers qui menaçaient leur existence. J'en connais une, la fée Anguillette, qui l'échappa belle, car elle faillit être écorchée vive et mise à la broche.

Cette fée, qui se transformait en anguille, fut prise par des pêcheurs, qui la portèrent aussitôt dans un vivier, creusé au milieu d'une belle prairie. Anguillette trouva dans ce vivier un grand nombre de fort beaux poissons, condamnés comme elle à ne vivre que quelques heures; car elle avait entendu les pêcheurs se dire les uns aux autres que, le soir même de ce jour, le

roi Sans-Souci devait donner un grand festin, pour lequel ces poissons avaient été choisis avec soin.

Quelle nouvelle pour la malheureuse fée! Elle accusa mille fois le Destin; elle soupira, se désola, déplora son infortune, tout en cherchant si elle ne pourrait point se sauver et regagner la rivière, qui coulait à une assez petite distance du vivier; mais elle regarda en vain de tous côtés; le réservoir était trop profond pour qu'elle pût en sortir sans secours, et son désespoir augmenta encore en voyant arriver les pêcheurs qui l'avaient prise : elle ne douta plus que sa dernière heure ne fût venue.

Les pêcheurs, en effet, jetèrent leurs filets, et Anguillette, en les évitant avec une adresse et une agilité sans égales, ne reculait l'heure de sa mort que de quelques moments. Lucette, la plus jeune des filles du roi Sans-Souci, se promenait alors dans la prairie; elle s'approcha du vivier, pour se donner le plaisir de voir pêcher. Le soleil, sur son déclin, éclairait de ses feux les eaux du réservoir, et la peau d'Anguillette, couverte d'écailles d'or et d'argent, brillait d'un éclat sans pareil. La jeune princesse la remarqua et commanda aux pêcheurs de la prendre et de la lui donner. On lui obéit, et la malheureuse fée fut remise toute vive et frétillante entre les mains de la jeune fille qui allait décider de sa vie.

Quand Lucette eut considéré pendant quelques instants la belle anguille, elle fut prise de compassion, courut jusqu'au bord de la rivière voisine, et la remit dans l'eau. Ce service inespéré éveilla dans le cœur de la fée le sentiment d'une vive reconnaissance. Elle reparut à la surface du ruisseau, et dit à la princesse : — « Je vous dois la vie, et c'est un grand bonheur pour vous. Je vous ferai connaître bientôt la sincérité de mes paroles par un nombre infini de bienfaits. »

Comme on était accoutumé, au temps où se passe cette histoire, à voir des fées, Lucette se rassura et prêta beaucoup d'attention aux paroles d'Anguillette. Elle commençait même à lui répondre quelque chose, quand la fée, l'interrompant, lui dit : — « Attendez, pour m'exprimer votre gratitude, d'avoir éprouvé l'effet de mes bienfaits. Allez, et revenez demain au lieu où nous sommes. Voyez d'ici là quel souhait il vous plaira de faire. Choisissez entre la *beauté* la plus touchante et la plus parfaite, l'*esprit* le plus élevé et le plus aimable, et les *richesses* inépuisables. Soyez sûre que le souhait que vous me ferez connaître, aussitôt je l'accomplirai. » — Après ces mots, elle plongea au fond de l'eau, et laissa Lucette très-satisfaite de son aventure. La princesse résolut de ne faire confidence à personne de ce qui venait de lui arriver ; — « car, disait-elle en elle-même, si Anguillette ne me tenait pas sa pro-

Elle fut au comble de l'étonnement quand elle vit la colonne s'ouvrir, la fée en sortir et se présenter à elle.

messe; mes sœurs croiraient que j'ai voulu les tromper, en leur racontant une fable de mon invention. »

La jeune Lucette ne fut occupée, pendant toute la nuit qui suivit cette journée, que du choix qu'elle devait faire. Voudra-t-elle avoir la beauté? Quoi de plus tentant et de plus désirable pour une jeune fille? Cependant, comme elle avait assez d'intelligence pour souhaiter d'en avoir davantage, elle résolut que ce serait le don de l'esprit qu'elle demanderait à la fée.

Elle se leva au point du jour, et courut dans la prairie, sous le prétexte de cueillir des fleurs et d'en faire un bouquet qu'elle se proposait, disait-elle, de présenter à la reine Alice, sa mère. Tout d'abord, elle se rendit au bord de la rivière et trouva, à l'endroit où la fée lui avait parlé la veille, une colonne de marbre blanc. Elle fut au comble de l'étonnement quand elle vit la colonne s'ouvrir, la fée en sortir et se présenter à elle, non plus sous la forme d'un poisson, mais sous la figure d'une femme d'une beauté éclatante, d'un air majestueux et d'une physionomie douce et bonne. — « Je suis Anguillette, dit-elle à la princesse, qui la regardait avec surprise; je viens accomplir ma promesse. Qu'avez-vous choisi? » — « J'ai choisi l'esprit, dit Lucette. » — « C'est bien, et dès ce moment vous en aurez assez pour exciter l'envie de toutes les personnes qui, jusqu'à ce jour, ont pu se flatter d'en avoir. »

La jeune princesse, après ces paroles, se sentit très-différente de ce qu'elle avait été auparavant, et remercia la fée avec une éloquence qu'elle ne s'était jamais connue. Anguillette sourit de l'étonnement que marquait sa protégée de se trouver tant de facilité et de grâce pour l'expression de ses idées et de ses sentiments. — « Je vous sais si bon gré, dit-elle, du choix que vous avez fait préférablement à la beauté, que, pour vous récompenser, je vous donnerai cette beauté que vous avez aujourd'hui si sagement négligée. Revenez ici demain, à la même heure; vous aurez le temps de choisir comment vous voulez être belle. » — La fée disparut. Lucette ne se sentait pas de joie et était touchée de son bonheur plus qu'on ne saurait dire. Le choix qu'elle avait fait de l'esprit avait été un acte de raison; mais la promesse de la beauté flattait son imagination et semblait devoir mettre le comble à tous ses désirs. Après avoir cueilli des fleurs, elle fit un bouquet qu'elle s'empressa de porter à sa mère. Je vous laisse à deviner l'étonnement dont fut saisie toute la cour en entendant parler Lucette avec un tact et une grâce qui enlevaient les cœurs. Les princesses ses sœurs tâchaient de lui trouver moins d'esprit qu'on ne lui en attribuait; mais elles étaient contraintes, malgré qu'elles en eussent, de s'étonner et d'admirer.

Sur le soir, Lucette, occupée de l'espérance de devenir belle, se retira dans un cabinet rempli de portraits représentant, sous la figure de déesses, plusieurs reines et princesses de sa maison. Elle espéra trouver là l'idée d'une beauté digne d'être demandée à la fée. Une Junon s'offrit d'abord à ses regards; elle avait l'air majestueux qui convient à la reine de l'Olympe. Ce n'était pas là le genre de beauté convenable pour une jeune fille. Elle s'arrêta ensuite devant une Pallas, dont la noble fierté lui plut fort; mais la beauté d'une Vénus, qui se trouvait tout près, eût fixé son choix, si sa physionomie ne lui eût paru manquer de modestie. Elle alla donc à un autre tableau. On y voyait Pomone, à demi couchée sur un lit de gazon, sous des arbres chargés des plus beaux fruits du monde. Lucette trouva que c'était une beauté un peu rustique pour l'héritière d'un royaume. Diane paraissait ensuite telle que les artistes et les poëtes la représentent, le carquois sur le dos et l'arc à la main; elle poursuivait, suivie d'une troupe de nymphes, un cerf aux abois. Notre princesse convint que Diane était parfaite dans son genre; mais, comme elle n'avait pas l'humeur chasseresse, elle passa outre. C'était Flore qui se faisait remarquer un peu plus loin; elle paraissait se promener dans un parterre émaillé des fleurs les plus belles et les plus rares; on pouvait dire qu'elle était l'image parfaite du printemps éternel. Lucette

eût peut être été captivée par Flore, si son attention ne s'était pas portée sur le tableau qui ornait le dessus de la cheminée, et qui lui offrait, sous les traits d'Hébé, la personnification de la jeunesse. Hébé avait le tour du visage d'une forme agréable; sa bouche était charmante, sa taille on ne peut mieux prise; quant à ses yeux, ils paraissaient bien plus redoutables, pour troubler la raison, que le nectar dont elle paraissait occupée à remplir une coupe de cristal; en un mot, toute la personne de la déesse respirait un air céleste. — « Je veux, s'écria la princesse après avoir admiré cet aimable portrait, je veux être belle comme Hébé, et l'être longtemps, s'il est possible. »

Après ce souhait, elle regagna sa chambre, où le jour, qu'elle dut attendre, lui parut trop lent à venir seconder son impatience. Le soleil enfin se montra, et elle se rendit en hâte au bord du ruisseau. La fée tint parole; elle parut et jeta un peu d'eau sur le visage de la princesse, qui devint sur-le-champ aussi belle qu'elle l'avait désiré. Quelques dieux marins avaient accompagné la fée; leur applaudissement fut le premier effet produit par les charmes nouveaux de Lucette; elle se mira dans l'eau, et put à peine se reconnaître; son silence et son étonnement furent alors les seules marques de sa reconnaissance. — « J'ai rempli tous vos souhaits, lui dit la bienfaisante Anguillette; vous devez être contente. Mais, moi, je ne serai satisfaite que quand je vous verrai heureuse. Dès que le roi et la reine auront décidé votre mariage, venez me voir; ici même, vous trouverez un guide pour vous conduire jusqu'à mon château; je tâcherai alors de vous venir encore en aide, car je crains pour vous, dans l'avenir, bien des difficultés et bien des peines. » — La fée disparut, et la princesse retourna au palais. Ce ne fut qu'à l'éclat de son esprit et au son de sa voix qu'on la reconnut, tant elle était changée. Elle apprit au roi qu'elle devait aux bienfaits d'une fée tous les dons précieux qui faisaient l'objet de son étonnement et de son admiration. A partir de ce jour, elle ne fut plus connue que sous le nom d'Hébé, parce qu'elle ressemblait parfaitement au portrait de cette déesse.

Quelque temps après les événements que nous venons de raconter, la question de mariage prévue, par Anguillette, avait été examinée, débattue et décidée. Parmi les princes qui étaient venus visiter la cour du roi Sans-Souci, Percin-Percinet était celui dont les hommages avaient été agréés avec le plus de faveur par Hébé. Ce prince avait l'air noble, la taille élégante et une grande quantité de cheveux blonds admirables; il faisait bien tout ce qu'il voulait, et gagnait les prix des tournois, dès qu'il prenait la peine de les disputer. Le roi son père administrait un royaume riche et puissant. Ce prince ne laissait donc rien à désirer, sous le rapport de la naissance, de l'éducation, de la fortune, ni pour les grâces de la jeunesse.

Un nouveau prétendant à la main de la belle Hébé se présenta ensuite, lequel pouvait être l'objet des soucis et des inquiétudes de nos deux amants : c'était l'enchanteur Pagon. En effet, quelques jours après avoir été fiancée à Percin-Percinet, la princesse, se promenant seule dans les jardins du palais, avait vu paraître dans les airs un petit homme monté sur un hanneton monstrueux. Le petit homme s'était approché d'elle, et lui avait dit : — « N'ayez point  peur ; personne n'est plus soumis que moi à vos ordres, et quoique ce soit la première fois que je paraisse devant vous, il y a longtemps que je vous connais et que je vous aime. Je suis Pagon l'enchanteur, et mon pouvoir s'étend sur le monde entier. Je vous vis dans la prairie, en compagnie d'Anguillette ; j'étais caché dans la corolle des narcisses que vous cueillez. Depuis ce moment, j'ai senti que je ne serais heureux que quand je serai devenu votre époux. Pensez à moi, et renoncez à Percin-Percinet. Vous auriez reçu ma visite plus tôt, si je n'avais été obligé d'aller mettre à la raison un roitelet qui, avec cinq mille vaisseaux, avait la prétention de s'emparer de mon île des Turquoises. Je n'ai pas été long à le mettre à la raison; j'ai soulevé une si furieuse tempête, que les cinq mille navires se sont perdus corps et biens. Voilà comment je traite les gens qui ne sont pas de mes amis... Dans quinze jours, je viendrai savoir votre réponse. » — Après ces mots, il avait disparu, et la princesse était retournée au palais très-préoccupée de son aventure. Cependant, comme elle aimait Percin-Percinet, et que celui-ci avait été agréé par sa famille, elle n'eut pas de peine à repousser bien loin d'elle l'idée de le sacrifier aux menaces et aux malices de l'enchanteur.

Elle avait presque oublié cet événement, quand un jour, à son réveil, la princesse vit voler dans sa chambre douze petites nymphes assises sur des mouches à miel, et portant dans leurs mains de petites corbeilles d'or. Les nymphes s'approchèrent du lit d'Hébé, la saluèrent, puis allèrent déposer leurs corbeilles sur

La princesse vit voler dans sa chambre douze petites nymphes assises sur des mouches à miel.

une table de marbre qui parut au milieu de la chambre. Les corbeilles, dès qu'elles eurent été mises en place, devinrent d'une grandeur ordinaire. Pour les nymphes, elles s'inclinèrent avec respect devant Hébé, et retournèrent d'où elles étaient venues. L'une d'elles, en partant, avait laissé tomber sur le lit une émeraude d'une beauté merveilleuse. Hébé, malgré l'émotion que lui causait un spectacle si nouveau, prit l'émeraude, qui s'ouvrit d'elle-même et qui renfermait une feuille de rose sur laquelle elle lut un quatrain, assez plat, composé en son honneur par l'enchanteur Pagon.

La princesse ne pouvait revenir de sa surprise. Enfin elle appela les femmes qui la servaient; puis elle envoya chercher le roi et la reine. Les corbeilles furent examinées, et elles se trouvèrent remplies de diamants d'une beauté extraordinaire. Hébé ne voulut point les garder pour elle-même, et les distribua aux dames de la cour. Ce jour-là, il y eut dans le palais bien du désordre et, qui pis est, bien des infractions à l'antique étiquette. Les dames d'honneur semblaient avoir perdu la tête; elles avaient des diamants! N'était-ce pas le comble du bonheur? Toutes les femmes, en effet, n'ont pas en partage la vertu et la sagesse de l'illustre Cornélie, mère de Caïus et de Tibérius Gracchus.

Hébé ne manqua pas de raconter son aventure à Percin-Percinet. Elle lui donna même la merveilleuse émeraude et la feuille de rose. Le prince lut la lettre de son rival avec un très-sensible déplaisir. Hébé, pour le consoler, lui reprit la feuille de rose et la déchira. Ils comprirent, dès ce moment, qu'ils avaient tout à craindre du ressentiment, de la colère et de la méchanceté de l'enchanteur Pagon. Ils virent bien qu'on a beau être né de famille royale, que, bien que l'on ait en partage l'esprit, la beauté, la force, la richesse, la puissance, on n'en est pas exposé moins à subir les soucis, les ennuis, les chagrins et les maux qui semblent ne devoir atteindre que les plus humbles mortels; mais, s'il était bien de se désoler, mieux valait encore chercher le moyen de conjurer les effets du ressentiment de Pagon. Enfin Hébé songea à la promesse qu'elle avait faite à la bonne fée Anguillette, et reprit courage en songeant qu'elle trouverait peut-être auprès d'elle le secours dont elle avait besoin pour assurer son bonheur. De son côté, le prince était l'ami de la fée Lumineuse. Cette fée était la protectrice de sa famille. Elle l'avait vu naître et avait dirigé sa première éducation. Quand il avait atteint l'âge de raison, elle avait voulu qu'il apprît lui-même à user sagement de sa liberté et de sa haute fortune; mais, en l'abandonnant à ses propres ressources, elle lui avait recommandé de venir la trouver le jour où il se verrait menacé de quelqu'un de ces malheurs que la prudence humaine est impuissante à conjurer. Elle l'avait même muni de tous les objets nécessaires pour arriver jusque dans son palais enchanté. Nos amants, après s'être fait mutuellement leurs confidences sur ce point, résolurent d'aller, chacun de son côté, implorer le secours de leurs protectrices.

Parlons d'abord du voyage d'Hébé; nous raconterons ensuite celui de Percin-Percinet. Le roi Sans-Souci, ayant approuvé le départ de sa fille, lui donna un brillant équipage pour se rendre à la tour de marbre qui servait d'habitation à Anguillette. Pour sa première étape, Hébé alla droit à la prairie, là où la fée lui avait apparu. Elle y trouva une chèvre blanche, aux cornes dorées, qui, en la voyant, courut au-devant d'elle, fit mille tours et mille gambades, allant et venant, tournant la tête et, par tous ses mouvements, l'invitant à la suivre. Hébé ne fut pas longtemps à comprendre que la chèvre était le guide que lui envoyait Anguillette; elle se résolut donc à la suivre en toute confiance. Après avoir traversé de vastes campagnes et avoir parcouru une immense forêt, elle aperçut devant elle une haute tour de marbre blanc. Une

rivière, dont les eaux brillaient de l'éclat de l'argent, battait le pied du monument, et tournait sept fois à l'entour. Hébé passa cette rivière sur un pont de pavots blancs, que le pouvoir d'Anguillette avait rendu aussi solide et aussi durable que s'il eût été bâti d'airain. Quoiqu'il ne fût que de fleurs, il ne laissait pas que d'être redoutable, car il avait le pouvoir d'endormir pour sept ans les personnes qui le passaient contre la volonté de la fée. La princesse aperçut, au delà du pont, six jeunes hommes endormis sur des lits de gazon, sous des pavillons de feuillage : c'étaient des princes amoureux de la fée, et, comme elle ne voulait pas entendre parler d'amour, tant elle en avait peur, elle ne leur avait pas permis d'aller plus loin. — Hébé passa une seconde fois la rivière sur un pont d'anémones, et entra dans un jardin rempli d'acacias toujours fleuris et abritant une multitude de rossignols et de fauvettes. Anguillette, d'un coup de sa baguette d'ivoire, leur avait appris les plus beaux et les plus agréables chants du monde. — Hébé sortit de ce jardin par un pont de tubéreuses et parcourut des vergers plantés d'arbres couverts de fruits, plus délicieux cent fois que ceux du jardin des Hespérides. — Elle traversa ensuite un pont d'œillets et pénétra dans le parc de la fée. C'est là qu'Anguillette venait quelquefois se livrer aux plaisirs de la chasse. Hébé y vit un nombre infini de lévriers couchés çà et là et pêle-mêle avec des cerfs et des lièvres, que l'art de la fée avait apprivoisés. Quand ces chiens chassaient quelque bête, il semblait qu'ils comprissent qu'il ne s'agissait que d'un passe-temps innocent, car ils faisaient tout ce que devait faire la meute la mieux dressée, sauf qu'ils ne faisaient jamais de mal.

Hébé, pour sortir du parc, passa la rivière sur un pont de jasmins, et se trouva dans un joli hameau, dont les habitants étaient chargés de la garde des troupeaux d'Anguillette. Tous les moutons étaient d'une blancheur surprenante ; toutes les bergères habillées de gaze d'argent et couronnées de fleurs. En arrivant,

notre héroïne vit venir au-devant d'elle une jeune fille portant un petit lévrier sur un carreau de velours blanc orné de perles ; à peine distinguait-on le lévrier du carreau, tant la couleur de l'un et de l'autre était semblable. On aura, du reste, remarqué que le blanc, symbole de joie et d'innocence, était la couleur de prédilection de la fée. — « Anguillette, dit la jeune fille en s'adressant à Hébé, Anguillette m'a ordonné de vous présenter, de sa part, Blanc-Blanc (c'est le nom du lévrier). Il a l'honneur d'être aimé de ma maîtresse, qui lui a commandé de vous conduire jusqu'à sa tour. Laissez votre suite dans ce hameau; elle n'y manquera de rien. Pour vous, allez sans crainte. »

Hébé, après avoir fait de tendres adieux à la chèvre blanche qui lui avait servi de guide, reçut le petit lévrier et le caressa. Blanc-Blanc lui rendit ses caresses avec beaucoup d'esprit et de grâce, sauta légèrement à terre et se mit à marcher devant la princesse. Ils arrivèrent bientôt au bord de la rivière, qui faisait là son sixième tour; mais il n'y avait pas de pont, la fée ne voulant pas que les gens du hameau pussent venir l'importuner. Blanc-Blanc aboya trois fois, et aussitôt un zéphir agita les arbres d'alentour et fit tomber dans l'eau une si grande quantité de fleurs d'orangers, qu'il s'en forma un pont. Hébé le traversa, et pénétra dans un jardin si rempli de fleurs merveilleuses, de pièces d'eau extraordinaires, et peuplé de tant de statues d'une beauté surprenante, qu'il n'est pas possible d'en faire une exacte description.

La tour, défendue par des fossés que baignait la rivière, s'élevait au milieu du jardin. Blanc-Blanc se jeta à l'eau, fit un plongeon et rapporta une grande co-

quille de nacre en forme de barque; Hébé monta dans la coquille et put arriver ainsi au pied de la tour. Six nymphes la reçurent et l'introduisirent auprès d'Anguillette, qui lui fit l'accueil le plus touchant et le plus affectueux. Elle passa trois jours auprès de sa protectrice, mais ces trois jours ne lui suffirent pas pour voir les merveilles que renfermait la tour : il aurait fallu dix siècles pour avoir le temps de tout admirer.

Le quatrième jour, Anguillette fit de magnifiques présents à la princesse, et, en la congédiant, lui dit : — « Ma fille, je regrette vivement qu'il ne me soit pas donné de changer en votre faveur l'ordre des destinées; mon pouvoir n'est pas assez grand pour conjurer, dès à présent, les enchantements de Pagon; mais soyez sûre que je veillerai sur vous; j'espère, avec l'aide de mes amis, parvenir à assurer un jour votre bonheur. » — Après ces mots, elle cueillit une touffe de muguet et la donna à Hébé, en lui disant : — « Portez toujours ces fleurs : elles ne se flétriront jamais, et tant que vous les aurez sur vous, Pagon ne pourra approcher à plus de cinq pas de votre personne. » — Elle attacha ensuite le bouquet sur la coiffure de la princesse, et les fleurs, obéissant aux intentions de la fée, s'ajustèrent d'elles-mêmes et formèrent la plus éclatante aigrette qu'on puisse imaginer.

Après des remercîments infinis de la part de la princesse, Anguillette ordonna à six nymphes d'amener son char d'argent attelé de six licornes blanches. Elle y fit monter Hébé, qui, en peu de temps, fut conduite au hameau, où elle retrouva sa suite. Après quelques instants de repos, elle reprit le chemin des États de son père, conduite de nouveau par la petite chèvre blanche.

Laissons-la parcourir les plaines et les bois, et revenons à Percin-Percinet.

Le prince, comme je l'ai dit, était parti de son côté pour aller implorer la protection de la fée Lumineuse, qui avait assisté à sa naissance et qui lui voulait du bien. Elle demeurait dans un palais de marbre couleur de feu, au milieu d'une vaste forêt. On y arrivait par une avenue d'une longueur prodigieuse et bordée, des deux côtés, par cent lions, également couleur de feu. Au bout de l'avenue, on trouvait une grande place carrée, où une troupe de cent Maures, magnifiquement armés, faisait une garde perpétuelle. Percin-Percinet traversa seul la forêt et parcourut l'avenue des lions sans danger, car il leur jeta, en entrant, des renoncules dont la fée l'avait muni autrefois, dans la prévision de sa visite. Dès qu'il leur eut présenté ces fleurs, les lions, qui faisaient d'abord entendre des hurlements effroyables, devinrent tout à coup doux et paisibles. Il arriva ensuite à la cour des Maures, qui tournèrent tout aussitôt leurs flèches contre lui; mais, le prince leur ayant jeté des fleurs de grenade, ils tirèrent en l'air leurs flèches et se rangèrent en haie pour le laisser passer.

Il put entrer enfin dans le palais de Lumineuse. Elle

était dans un salon, assise sur un trône de rubis, au milieu de douze Mauresses, vêtues de tuniques couleur

de feu et or. La fée, qui avait appris par ses livres l'arrivée du prince, le reçut à merveille. — « Je sais ce qui vous amène, lui dit-elle, et je désire vous être utile. Tout ce que je puis faire pour vous dans ce moment, c'est de vous donner cette bague, formée de quatre métaux différents : d'or, d'argent, d'airain et de fer. Quatre fois, le souhait que vous ferez en la regardant s'accomplira. De cette manière, vous pourrez échapper quatre fois aux persécutions dont la colère de Pagon vous menace, et peut-être réussir à venir avec la princesse jusqu'ici, où vous trouverez un asile inviolable et une protection efficace. » — Le prince remercia avec effusion sa bienfaitrice, et, après avoir passé quelques jours dans le palais couleur de feu, se mit en devoir de prendre congé d'elle. Lumineuse, au moment du départ, ouvrit une volière d'où elle fit sortir un perroquet également couleur de feu. — « Suivez, lui dit-elle, cet oiseau. Il vous garantira de tout danger, jusqu'à ce que vous ayez regagné les États du roi Sans-Souci. L'oiseau vola ; Percin-Percinet marcha à sa suite et s'engagea dans un chemin qui lui était inconnu, mais qui était beaucoup plus beau et plus court que celui qu'il avait suivi en venant. Dès qu'il fut arrivé aux frontières du royaume, le perroquet le quitta. Percin-Percinet le vit s'éloigner avec regret. Cet oiseau est naturellement bavard, et avait, tout le long de la route, distrait le prince en lui faisant mille contes extraordinaires. Resté seul, Percin-Percinet devint triste et chagrin : il se désespérait d'être depuis si longtemps séparé de sa chère Hébé ; de sorte que, ne pouvant plus résister à l'entraînement de ses désirs, il souhaita, tout en regardant sa bague, de voir sa princesse. A l'instant son vœu fut exaucé. Il se trouva à côté d'Hébé, au moment où, de retour de sa visite à la fée Anguillette, elle entrait dans la capitale des États de son père. Je vous laisse à penser la joie qu'éprouvèrent nos deux amants! et à imaginer les fêtes avec lesquelles ils furent accueillis par le roi Sans-Souci et la reine Alice. Comme les ambassadeurs que Percin-Percinet avait envoyés à son père pour lui demander l'autorisation d'épouser Hébé étaient revenus, apportant une réponse favorable, le mariage du prince et de la princesse fut arrêté, et quelques jours après célébré avec une pompe, une magnificence et une allégresse dont on a perdu, depuis longtemps, le secret.

La famille royale semblait être arrivée au comble de la félicité. Mais, quel est le bonheur qui soit durable? Qui a jamais échappé aux dures épreuves de la vie? Percin-Percinet et Hébé apprirent bientôt que la meilleure fortune a des retours terribles. Pagon, en effet, en apprenant le mariage de la princesse, était entré dans une fureur sans égale, et avait juré de tirer la plus éclatante vengeance du dédain avec lequel sa déclaration d'amour avait été accueillie. En effet, à l'aide de ses enchantements, il alla chercher un vieux prince de la famille royale, depuis longtemps exilé, corrompit les officiers de l'armée, souleva les populations et marcha sur la capitale de Sans-Souci, après avoir

battu toutes les troupes qui lui étaient opposées. Au bruit de ses victoires et à la nouvelle de son approche, le roi et la reine, ayant perdu tout espoir, parvinrent à s'échapper et à se réfugier dans les États du père de Percin-Percinet. Pour celui-ci, il avait résisté jusqu'à la fin; mais quand il lui avait été démontré qu'il lui était impossible de tenir tête à l'enchanteur, et que la capitale ne pouvait être sauvée, il avait profité de la confusion et du tumulte pour prendre la fuite, en compagnie de sa femme, la princesse Hébé.

Pagon, en ne les trouvant pas dans le palais, entra dans la plus violente fureur, mais son parti fut vite pris. Il laissa au nouveau roi le soin d'administrer le royaume conquis, et, en compagnie de quelques esclaves dévoués, se mit à la poursuite du prince et de la princesse. Son art lui eut bientôt fait découvrir la

trace des fugitifs. Il les aperçut, galopant de toute la vitesse de leurs chevaux, au sortir d'une forêt, et se mit à leurs trousses. Percin-Percinet vit le danger; il regarda sa bague et souhaita d'être à l'abri des persécutions de l'enchanteur. Aussitôt la terre s'ouvrit entre lui et Pagon, et au même instant, un nain se présenta, qui les invita à le suivre. Percin-Percinet et Hébé ne se firent pas prier. Dès qu'ils eurent commencé à descendre par une pente douce à la suite du petit homme, la terre se referma : ils étaient en sûreté. Ils marchèrent ainsi pendant une heure, et arrivèrent à un palais qui était éclairé par une grande quantité de lustres et de lampes, qui suppléaient confusément à la lumière du soleil. Ils descendirent de cheval et furent conduits dans une salle de cristal d'une grandeur prodigieuse. Un autre petit homme, parfaitement fait de sa personne, couvert de tant de diamants et de pierreries qu'on ne savait pourquoi, était assis au fond de ce salon sur un trône d'or; une foule de gens faits comme le nain qui avait servi de guide au prince et à la princesse étaient rangés autour de lui. Dès que nos fugitifs parurent, le petit homme aux diamants se leva et dit : — « Approchez, la fée Lumineuse m'a prié de vous soustraire à la colère de l'enchanteur Pagon. Je suis Rubezahl, le roi des gnomes. Soyez les bienvenus dans mon royaume. » — Percin-Percinet le remercia gracieusement du secours qu'il venait de lui donner. Ce roi, ainsi que toute sa cour, fut enchanté de la beauté d'Hébé; à ce point qu'ils la prirent pour un astre qui venait éclairer leur séjour. Après avoir employé huit jours à visiter les mines d'or et d'argent que recélait ce souterrain merveilleux, Percin-Percinet et Hébé reprirent la route qui devait les conduire au palais de la fée Lumineuse. Ils avaient marché quelques jours et se croyaient déjà en sûreté, quand ils aperçurent de nouveau Pagon et sa troupe toujours acharnés à leur poursuite. Le prince fit promptement son souhait en regardant sa bague, et tout aussitôt parut un grand lac, une sorte d'océan, qui sépara Percin-Percinet et Hébé de la troupe de l'enchanteur. Une belle nymphe vint à leur rencontre et les invita à monter avec elle dans une nacelle de roseaux. Ils n'y eurent pas plus tôt mis les pieds, que la barque s'enfonça et disparut. On aurait pu croire qu'ils s'étaient noyés; mais, loin de là, ils étaient arrivés, par cette étrange manière de voyager, à un palais dont toutes les murailles étaient formées de grandes nappes d'eau; un vaste jardin entourait ce palais bizarre et était orné d'arbres et de plantes qui ne sont connus que des savants initiés à la connaissance de la végétation sous-marine. Les ondines seules pouvaient habiter dans ce palais; aussi, pour donner au prince et à la princesse une demeure plus solide, les conduisirent-elles dans des grottes de coquillages où brillaient le corail, la nacre, les perles et toutes les autres richesses de la mer. Cent dauphins gardaient la grotte d'Hébé; vingt baleines celle de Percin-Percinet. Dès qu'ils furent dans leurs grottes, on leur servit une collation superbe, composée de toutes sortes de fruits glacés. Douze sirènes vinrent charmer, par leurs chants doux et gracieux, les inquiétudes du prince et de la princesse. Le soir, il y

eut un festin où l'on ne servit que des poissons, mais ils étaient d'une grandeur extraordinaire et avaient un goût exquis. Après le repas, des naïades habillées d'écailles de poisson, aux couleurs les plus vives et les plus variées, dansèrent un ballet fort curieux : les trompes des tritons et d'autres instruments inconnus aux mortels exécutaient des symphonies bizarres, mais qui ne manquaient assurément ni de nouveauté ni d'agrément. Nos fugitifs restèrent quatre jours dans l'empire des eaux : la fée Lumineuse l'avait ainsi ordonné. Le cinquième jour, les ondines se chargèrent de les reconduire sur la terre et de les remettre sur leur route. Les deux époux furent placés dans un petit bateau fait d'une seule coquille, et mille naïades, la moitié du corps hors de l'eau, les accompagnèrent jusqu'au bord d'une rivière, où Percin-Percinet retrouva ses chevaux et se mit en marche avec d'autant plus de diligence, qu'il s'aperçut, en regardant sa bague, que trois des métaux avaient disparu, et qu'il n'y restait plus que l'airain. C'est alors qu'il regretta le vœu inconsidéré qu'il avait fait après avoir quitté le palais de la fée Lumineuse. Il comprit, un peu tard, hélas! que, s'il eût été plus patient, il aurait eu une chance de plus d'échapper à la poursuite de son ennemi.

Quoi qu'il en soit, il marcha encore trois jours; mais, au quatrième, il vit briller de loin, aux premiers rayons du soleil, les armes de la troupe de Pagon. Il n'avait pas d'autre ressource que de former son dernier souhait; c'est ce qu'il fit. Au même instant, une immense flamme, qui s'éleva jusqu'aux nues, sépara Percin-Percinet de son ennemi. — Le prince et la princesse se trouvèrent devant un palais dont la vue les fit reculer de frayeur. Ce palais paraissait être tout en feu. Ils se rassurèrent cependant, habitués qu'ils étaient aux enchantements, surtout quand ils purent constater que ce feu avait seulement l'éclat de la flamme, mais n'avait pas la propriété de brûler et d'incendier. Ils furent reçus par un grand nombre de jeunes et belles personnes, vêtues de robes sur lesquelles semblaient ondoyer des flammes; une d'entre elles, la reine sans doute, les engagea à la suivre dans son palais. On leur apprit qu'ils étaient dans le royaume des Salamandres, et qu'ils y resteraient cachés pendant sept jours, conformément aux ordres de la fée Lumineuse. On les installa dans un grand appartement tout de feu. Pour les distraire et les amuser pendant leur séjour, les salamandres leur donnèrent des fêtes continuelles, dans lesquelles on tira les feux d'artifice les plus merveilleux qui se puissent imaginer.

Le huitième jour, le prince et la princesse, après avoir quitté à regret le palais des salamandres, se trouvèrent dans une belle campagne. Percin-Percinet regarda sa bague, dont les quatre métaux étaient mêlés et confondus, et y lut ces mots parfaitement gravés :

« *Vous avez souhaité trop tôt.* » Il éprouva un vif chagrin ; mais il était si près de la demeure de la fée, qu'il reprit courage. Il se disposait même à entrer sur les terres de Lumineuse, quand l'enchanteur, qui n'avait pas perdu sa piste, et qui ne doutait pas qu'une imprudence ne le mît en son pouvoir, le surprit au détour d'un petit bois. Que pouvait faire Percin-Perci-

net, tout vaillant qu'il était, contre la troupe de l'enchanteur ? Il essaya de résister, et tira son épée, qui, au premier coup qu'il voulut frapper, vola en mille éclats. Il fallut donc se résigner et attendre son sort. Pagon, au comble de la joie, se précipite sur la désolée Hébé pour l'enlever ; mais, arrivé à cinq pas d'elle, il s'arrête, immobile comme une statue de marbre. En effet,

Hébé portait encore dans sa coiffure l'aigrette de muguet que lui avait donnée la bonne fée Anguillette. Pagon vit bien qu'une puissance au-dessus de la sienne protégeait la princesse; mais il pouvait encore la punir et se venger. Il frappa la terre de sa baguette, et il en sortit un char attelé de deux énormes cigales et de deux gigantesques libellules aux ailes gazées et diaprées de couleurs diverses. Sur son ordre, ses esclaves s'emparèrent d'Hébé et la placèrent dans le

char. Pagon fit ensuite apparaître un second char, de forme lugubre, et attelé de six monstres bizarres, aux ailes de chauve-souris. Il y fit asseoir, bon gré, mal gré, Percin-Percinet, qui se tenait à l'écart, plongé dans le plus profond chagrin. Pagon appela son gros hanneton, monta dessus, et donna le signal du départ. Aussitôt les cigales et les libellules déployèrent leurs ailes, et Hébé fut enlevée avec la rapidité de l'éclair à travers les espaces de l'air, Pagon ouvrant la marche et se tenant à cinq pas de distance. Le char du prince s'était enlevé en même temps et avait pris une direction tout opposée. Laissons-le continuer son triste voyage, et voyons ce que devint la malheureuse Hébé.

Le char qui l'emportait, après avoir parcouru plus de mille lieues, s'arrêta dans l'île des Turquoises, devant un palais des plus somptueux. Quand l'attelage eut pris terre, des esclaves aidèrent Hébé à descendre, et la conduisirent dans de magnifiques appartements. Pagon entra derrière la princesse; mais, quoi qu'il fît, il ne parvint jamais, à son grand désespoir, à approcher d'elle à une distance de moins de cinq pas. Il donna des fêtes, exposa les trésors les plus rares, fit éclater par son art mille merveilles; mais tous ses efforts ne firent aucune impression sur le cœur de sa prisonnière. Les résistances d'Hébé ne firent qu'augmenter la haine et la fureur du petit homme. Un jour qu'il avait été rebuté avec plus de hauteur que de coutume, il envoya à Hébé deux lampes, l'une d'or et l'autre de cristal, en lui enjoignant de ne jamais laisser éteindre une des deux lampes, tout en lui laissant le choix d'allumer tantôt l'une, tantôt l'autre. La lampe d'or était allumée; Hébé ne l'éteignit point le premier jour; mais, le lendemain, elle alluma la lampe de cristal. Après avoir allumé ainsi alternativement chaque lampe pendant quinze jours, Hébé s'aperçut que sa santé devenait de plus en plus chancelante; elle ne douta pas que sa douleur n'en fût cause. La malice et la cruauté de Pagon ne la laissèrent pas longtemps dans cette idée. Il trouva moyen de lui faire savoir que la vie de Percin-Percinet était attachée à la lampe d'or, et sa vie, à elle, à la lampe de cristal. Elle sut, de plus, que, quand l'huile des lampes serait consumée, leur existence à l'un et à l'autre finirait. Hébé se trouvait si malheureuse et était si désespérée, qu'elle résolut de se sacrifier à son époux, et n'alluma plus que la lampe d'or.

Dans le triste état où elle se trouvait réduite, elle n'avait pas d'autre agrément que de se promener seule dans l'île qui lui servait de prison. Un jour qu'elle était assise sur le bord de la mer, songeant aux jours heureux qu'elle avait passés dans le palais de son père, elle vit tout à coup apparaître au milieu des flots un

arbre plus grand et plus touffu que les cèdres les plus gigantesques du Liban. L'arbre voguait droit vers elle, tiré par une multitude de poissons ailés; il s'approcha du rocher, secoua ses feuilles, et ce bruit suffit pour écarter la troupe de monstres marins que Pagon avait préposés à la garde de son île. Arrêté, l'arbre s'ouvrit; un homme encore jeune en sortit, et, s'adressant à la princesse, lui dit : — « N'ayez nulle crainte; je suis de vos amis. On m'appelle le Prince-des-Feuilles. Je suis fils du Printemps, et l'île du Jour, que j'habite, est éternellement couverte de fleurs et toujours illuminée d'un radieux soleil. J'ai été envoyé auprès de vous par les bonnes fées Anguillette et Lumineuse. Percin-Percinet, dans la triste situation où l'a placé la haine de Pagon, ne vit que pour vous et ne pense qu'à vous.... Êtes-vous décidée à vous confier à moi et à me suivre? » — Hébé, depuis qu'elle était aux mains de l'enchanteur, était devenue craintive et méfiante; elle n'osa accepter la proposition du Prince-des-Feuilles : elle craignait quelque piége et redoutait des malheurs encore plus grands que ceux sous le poids desquels elle paraissait près de succomber. Le prince cherchait à la rassurer, à lui inspirer de la confiance, quand tout à coup il vit apparaître de très-loin le petit homme Pagon. Il ne voulut pas engager avec lui une lutte ouverte, qui pouvait encore aggraver la situation de sa protégée; il se borna à dire à la princesse : — « Voici Pagon : je pars et je reviendrai à votre premier signal. Je vous laisse pour confidents et pour messagers deux papillons. » — Et, en effet, Hébé vit à l'instant venir de l'arbre vers elle deux papillons, les plus jolis du monde, l'un couleur de feu et l'autre gris de lin. — « Je vois bien, reprit le Prince-des-Feuilles, que vous êtes étonnée des amis que je vous donne; mais, écoutez-les, ils vous apprendront tout ce que vous désirerez savoir. Dès que vous serez décidée à quitter cette île, l'un d'eux viendra me prévenir; le reste sera mon affaire. » — Cela dit, il rentra en hâte dans son arbre et se lança sur les flots. Pour la princesse, elle se dirigea, en proie aux plus vives émotions, du côté de son palais, et alla s'installer, triste et rêveuse, et cependant avec quelque espérance au fond du cœur, dans la

chambre où brûlait une des lampes. Pagon n'était pas arrivé assez à temps pour rien voir de ce qui s'était passé ; mais un certain pressentiment l'avertit qu'il était menacé d'un danger, et il résolut de prendre de nouvelles précautions contre sa prisonnière. En conséquence, il bâtit une tour de la pierre bleue, ou turquoise, dont l'île était formée ; il rendit cette tour invisible, et y enferma la pauvre Hébé. Satisfait de son ouvrage, il alla s'occuper des affaires que sa méchanceté lui avait mises sur les bras dans le reste du monde.

Quand la princesse se sut enfermée dans une tour invisible, elle se prit à se lamenter et à se désespérer. Elle se croyait déjà enterrée vivante dans un tombeau. Le papillon gris de lin, voltigeant autour d'elle, lui dit : — « Rassurez-vous ; j'ai observé tantôt la tour, et je me suis convaincu que, si elle disparaissait aux yeux quand on est sur terre ou sur les eaux, elle ne cessait pas d'être visible dès que l'on était élevé dans les airs. Vous voyez que l'enchanteur n'a pas songé à tout, à moins que son pouvoir ne s'étende pas jusque dans les régions du ciel. » — « Mais, repartit Hébé, un peu consolée, le Prince-des-Feuilles pourra-t-il quelque chose dans le ciel? » — « Par lui-même, non. Mais il a un frère qui y peut tout, et qui ne lui refusera pas son aide. Je vais les prévenir. » — Après ces paroles, le papillon gris de lin prit son vol et se perdit dans l'espace. Pour la princesse, elle éprouva cette joie si douce et si vive que donne l'espoir de voir bientôt arriver la fin d'une longue suite de misères et de tourments. Le papillon couleur de feu n'était pas parti ; elle le mit dans une corbeille de fleurs auprès d'elle, et lui demanda s'il pouvait lui donner des nouvelles de Percin-Percinet. — « Sans doute, répondit le papillon ; le Prince-des-Feuilles m'a instruit de toutes les aventures du prince votre époux, et, puisque vous le désirez, je vais vous en faire le récit : »

« Percin-Percinet a donc été enlevé dans un char, en même temps que vous. Le char s'est arrêté dans une forêt dont Pagon est le maître, et qu'on appelle la forêt de la Vengeance. Dès que le prince y fut arrivé, le chariot et les monstres s'évanouirent et disparurent. Resté seul, Percin-Percinet appela tout son courage à son secours et se mit à parcourir la forêt, réduit à se nourrir de fruits sauvages. Il y avait quelque temps déjà qu'il vivait dans ces bois, quand, au milieu des horreurs de la nuit, il entendit des voix plaintives dont il ne put distinguer les paroles. Quelque effrayantes que fussent ces lamentations, il désirait ne pas rester seul, et regardait comme une consolation de trouver même des malheureux à qui il pût se plaindre de ses infortunes. Il marcha donc vers l'endroit de la forêt d'où il pensa qu'avaient pu venir les voix. Après avoir erré de côté et d'autres, il pénétra dans une clairière, au milieu de laquelle il trouva les ruines d'un magnifique château, ombragé par des arbres d'une hauteur prodigieuse, plantés çà et là. Comme il était tard déjà, il se coucha au pied d'un cyprès. Le sommeil allait fermer ses paupières, quand tout à coup il entendit les mêmes voix qu'il avait ouïes la nuit précédente. Jugez de sa

surprise après qu'il eut reconnu que c'étaient les arbres eux-mêmes qui se plaignaient. comme des hommes auraient pu faire. Percin-Percinet se leva et demanda à l'arbre, au pied duquel il se trouvait, par suite de quelle merveille il avait le don de la parole.

« Je veux bien te l'apprendre, répondit le cyprès, et puisque, depuis deux mille ans, voici la première fois que se présente l'occasion de raconter mes malheurs à un étranger, je ne veux pas la perdre. Tous ces arbres que tu vois aux alentours furent des princes considérables il y a plusieurs siècles. La fée Mordicante avait établi alors sa résidence dans ces lieux; elle était belle, mais son savoir, plus que sa beauté, l'avait rendue célèbre. Parmi les princes qui régnaient sur la terre, un seul lui avait plu, c'était Philidor, et elle avait résolu de l'épouser. Pour l'attirer à sa cour, Mordicante avait fait publier un tournoi et y avait convoqué tous les princes de la terre; nous vînmes en grand nombre pour tâcher d'y acquérir quelque gloire. Jamais on ne vit une plus brillante réunion de princes; jamais fée ne donna de fêtes plus magnifiques, ne fit éclater plus de prodiges. Nous lui fîmes jurer de garder la neutralité pendant le combat. La fortune voulut que je fusse vainqueur, et ce fut un malheur pour tous les princes, car la fée, irritée de ce que la victoire ne s'était pas déclarée pour Philidor, résolut de se venger sur nous de sa déconvenue. Elle enchanta des miroirs, dont une galerie de son château était toute remplie. Ceux qui la voyaient seulement une fois dans ces glaces fatales ne pouvaient se défendre d'éprouver pour elle la plus violente passion. Nous la vîmes, et tous nous devînmes amoureux de sa beauté; dès ce moment aucun de nous ne songea plus à quitter la cour de la fée. Nous ne pensions qu'à lui plaire, et c'était peine perdue. Pour ajouter à nos tourments, elle avait épousé Philidor, et nous rendait d'autant plus jaloux de son bonheur, qu'en même temps elle nous ôtait le désir si naturel de nous mesurer en champ clos avec un rival heureux. »

« Me trouvant seul un jour dans cette funeste galerie, je me sentis pris d'un si violent désespoir et d'une telle colère que je brisai toutes les glaces qui avaient causé nos malheurs. A peine les miroirs furent-ils en pièces que j'éprouvai pour Mordicante autant de haine que j'avais eu d'amour. Les princes, mes compagnons d'infortune, et même l'heureux Philidor, éprouvèrent les mêmes sentiments que moi. Tous ensemble, nous résolûmes de fuir loin du château de notre ennemie. Nous traversions déjà la cour, ravis d'avoir reconquis la liberté de nos cœurs, quand tout à coup le ciel nous parut en feu; un tonnerre épouvantable se fit entendre, et au même instant nous sentîmes que nous devenions immobiles à la place où nous nous trouvions. La fée alors parut en l'air, montée sur un grand serpent, et

nous cria, avec un ton de voix qui marquait sa fureur : — « J'ordonne, pour vous punir de votre inconstance et de votre infidélité, que vous soyez à tout jamais changés en arbres. » — Il fut fait ainsi qu'elle avait dit, et elle disparut, nous laissant la raison pour nous faire souffrir davantage. Depuis son départ, Pagon s'est emparé de la forêt et a pris un malin plaisir à ne rien changer à l'état de choses établi par Mordicante. »

« Percin-Percinet, continua le papillon, exprima au cyprès toute la part qu'il prenait à son déplorable sort, et se lia d'amitié avec lui et avec les autres arbres. Depuis ce jour, il passe sa vie dans la forêt, ne trouvant lui-même de consolations à ses chagrins qu'auprès de ses nouveaux et singuliers amis. Il ne faut pas, d'ailleurs, ajouta le papillon, vous désespérer plus que de raison. Le Prince-des-Feuilles est puissant, et soyez sûre qu'il parviendra à vous délivrer, vous et le prince Percin-Percinet. » — « Mais d'où vient l'intérêt que j'ai inspiré au Prince-des-Feuilles? Quel est le frère de ce prince dont vous m'avez parlé, et qui peut tout dans les airs? » — Le papillon, qui tenait à honneur de plaire à la princesse, lui fit le récit suivant : — « Mon maître est l'ami des fées Anguillette et Lumineuse. Quand vos protectrices eurent appris que vous n'aviez pu échapper à Pagon elles chargèrent un perroquet blanc, — serviteur fidèle, quoique babillard, — d'aller raconter votre histoire au Prince-des-Feuilles, et d'implorer son aide pour vous arracher, vous et Percin-Percinet, aux persécutions de l'enchanteur. Voici maintenant ce qui concerne le frère du Prince-des-Feuilles. Il règne sur une île que l'on appelle l'île des Papillons, et dont les habitants n'ont cependant pas la figure que vous me voyez : ce sont de petits hommes ailés, fort jolis, fort

galants et si volages qu'à peine aiment-ils un jour la même chose. Le roi des génies comprit que c'en était fait de la tranquillité des empires, si une race aussi changeante pouvait aller répandre dans le monde les mauvais principes qu'elle professait. En conséquence, il se rendit un jour dans notre île (car j'étais un des habitants); il nous rassembla, et nous dit : — « Je veux bien ne pas vous priver de la faculté, que vous avez reçue en naissant, de parcourir les airs; je ne puis pas modifier non plus votre humeur inconstante; mais, comme je veux prévenir les maux que vous pourriez faire, je vous déclare que, dès que vous sortirez des limites de votre royaume, vous prendrez la forme de papillons. » — Depuis, les choses se sont passées comme le roi des génies l'avait ordonné. Dès que nous quittons notre île, il ne nous reste plus rien des hommes que l'intelligence et la faculté de parler. Notre roi subit la loi commune ; il devient papillon, dès qu'il lui prend fantaisie de sortir de ses États. » — Le papillon commençait à raconter les circonstances extraordinaires du mariage de son roi avec l'illustre Princesse-des-Linottes, quand Pagon, la figure irritée, se présenta devant la princesse, en s'écriant : — « Le destin me menace ; voyez, Madame, de quelle couleur deviennent les murs de cette tour ! C'est un signe de malheur pour moi..... » — Hébé, peu soucieuse des malheurs de Pagon, regarda cependant les murs de sa chambre, et elle remarqua, en effet, que les pierres, de bleues qu'elles étaient, devenaient insensiblement vertes. Elle en eut de la joie, car elle y vit un présage assuré de la prochaine venue de ses libérateurs. Pagon accablait donc Hébé de reproches et lui faisait les plus effrayantes menaces, quand ils virent apparaître en l'air un trône de feuillage soutenu par un nombre infini de papillons appareillés et rangés suivant leur taille et leurs couleurs. Ce trône avait été mis à l'abri des enchantements du petit homme par des enchantements plus forts. Un papillon bleu, — qui n'était autre que le roi, — s'approcha d'Hébé, et lui dit : — « Je suis envoyé auprès de vous par mon frère, le Prince-des-Feuilles, qui m'a prié de venir vous arracher de votre prison. Mon frère est impuissant dans le domaine de l'air, et c'est pour cela qu'il m'a délégué auprès de vous. Voici d'ailleurs l'ordre écrit d'Anguillette. Venez, belle princesse; vous allez recouvrer votre liberté. Prenez les deux lampes, nous saurons bien conjurer le charme qui y est attaché. » — Le trône s'abaissa, et Hébé, qui n'hésitait plus, s'y assit, sans s'inquiéter des cris et des menaces de Pagon, qui faisait mille efforts inutiles pour s'approcher d'elle, car elle n'avait pas quitté son aigrette de muguet. Aussitôt le trône fut enlevé dans les airs, et les papillons qui le portaient prirent la direction de la demeure d'Anguillette.

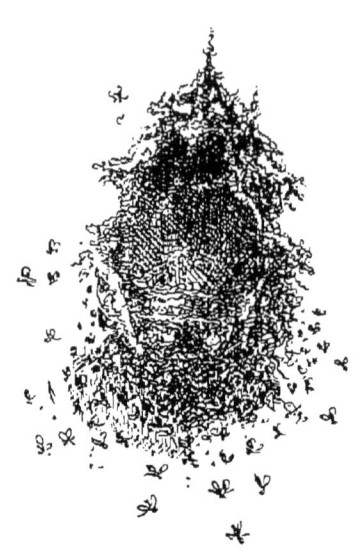

Pagon, humilié, désespéré, fut pris d'un tel accès

de colère, qu'il se mit à parcourir son île comme s'il était fou, et qu'il finit par se précipiter au fond de la mer, où il perdit la vie. Au même moment, la tour et le rocher se brisèrent en un nombre infini de morceaux, qui furent transportés par les flots dans toutes les régions que baigne l'Océan. C'est en souvenir de la mésaventure de Pagon, que l'on pense que les turquoises deviennent vertes quand il doit arriver quelque malheur à ceux qui les portent, et l'on assure même que les malheurs qu'elles annoncent ont le plus souvent rapport à l'amour.

Les papillons déposèrent le trône qui portait Hébé devant le palais d'Anguillette; après avoir reçu les remercîments de la fée et de la princesse, ils reprirent leur vol et s'éparpillèrent dans les airs, pour aller courir le monde, chacun de son côté, et suivant les inspirations de son humeur. Lumineuse, instruite par ses livres de tout ce qui venait d'arriver, s'était rendue en hâte auprès d'Anguillette. Après s'être entendues ensemble, les deux fées firent venir un char d'émeraude attelé de douze chevaux ailés; elles y firent monter Hébé, et prirent place à côté d'elle. Les fées lui expliquèrent qu'elles allaient délivrer Percin-Percinet. Elles le trouvèrent, en effet, dans la Forêt-Triste, conversant avec les arbres, ses amis. Nous ne décrirons pas la joie et le bonheur qu'éprouvèrent nos deux époux, en se retrouvant, après une si longue et si cruelle séparation. Depuis la mort de l'enchanteur, la forêt n'était plus infranchissable; Percin-Percinet put donc partir avec sa femme et ses deux protectrices. Il jura aux arbres, ses compagnons de misère, de ne les oublier jamais, et les fées leur promirent de ne rien négliger pour faire cesser leur enchantement.

De là, les fées transportèrent le prince et la princesse dans la capitale du royaume gouverné par le roi, père de Percin-Percinet, et travaillèrent tant et si bien qu'en quelques mois, le roi Sans-Souci put reconquérir ses États et rentrer dans sa capitale. Comme il était vieux, il se démit du pouvoir royal en faveur de Percin-Percinet. Anguillette et Lumineuse alors seulement songèrent à regagner leurs châteaux. Pour Percin-Percinet et Hébé, ils régnèrent en paix, encouragèrent les arts et les sciences dans leur royaume, et atteignirent, adorés de leurs sujets et entourés de nombreux enfants, aux limites de la plus extrême vieillesse.

BELLINETTE

BELLINETTE

ou

LA JEUNE VIEILLE

Il y avait autrefois une fée, digne par sa sagesse et par les hautes conceptions de son esprit, du surnom sous lequel elle était généralement connue : on l'appelait la fée Sublime. Bien qu'elle s'occupât sans cesse de toutes les affaires de l'univers entier, — et ce n'était pas une mince besogne, — elle s'était en outre chargée, non-seulement de l'éducation de la petite Bellinette, mais encore de l'administration du royaume qui appartenait à cette enfant depuis la mort du roi et de la reine qui lui avaient donné le jour.

Les premières années de la jeunesse de Bellinette furent entièrement consacrées à son éducation. La fée ne la quittait presque jamais, affectant vis-à-vis d'elle les dehors du service et de la soumission; mais, en réalité, conservant toute l'autorité d'une mère, et n'en faisant qu'à sa tête. Elle affectait de demander l'ordre à la petite reine dans le temps qu'elle en donnait un tout opposé, usage que les ministres ont depuis souvent suivi. Bellinette, trop jeune encore pour songer à gouverner, se contentait d'acquérir tous les jours de nouvelles connaissances et de se parer de nouveaux charmes; elle répondait si parfaitement aux soins de la fée, que ses sujets aimaient déjà leur petite reine à la folie. Sublime était enchantée des progrès de son élève, et surtout de l'attachement qu'elle avait su inspirer à tout le monde, petits et grands. Cependant elle prévit qu'il était encore des écueils contre lesquels pouvait venir échouer la sagesse de Bellinette; elle craignit la mauvaise impression que des applaudissements continuels et des louanges incessamment répétées peuvent produire sur l'esprit d'une jeune personne née sur le trône, c'est-à-dire au milieu d'un monde de flatteurs, engeance funeste, ennemie de toute vérité, adonnée aux intrigues et conduite par les passions les plus dangereuses. La certitude de réussir, l'habitude de n'être jamais contredite, l'approbation donnée sans cesse à ses plus futiles paroles comme à ses moindres actions, développaient, en effet, chez Bel-linette un amour-propre des plus violents. Ces sentiments de vanité que l'on cherche à faire naître, à étendre, à fortifier dans les enfants, et que l'on se plaît à confondre avec l'é-  mulation, peuvent devenir, dans un âge plus avancé, une source d'erreurs et de déconvenues. Il ne faut pas être fée pour en juger ainsi. L'amour-propre n'était cependant point le seul défaut que l'on pût reprocher à la petite reine; une envie naturelle de plaire, qui jusqu'alors avait ajouté à ses charmes, commençait insensiblement à dégénérer en coquetterie, défaut d'autant plus dangereux que les nuances en sont imperceptibles. Sublime, qui avait à cœur de rendre parfaite l'éducation de Bellinette, et qui craignait d'être aveuglée elle-même par sa trop grande tendresse pour cette jeune princesse, se détermina, quelque peine qu'elle en eût, à prendre un parti violent, mais nécessaire.

Bellinette était parvenue à sa treizième année, lorsqu'un matin, après s'être trouvée, à sa toilette, encore plus jolie que de coutume, elle courut à l'appartement de la fée Sublime. Elle y entra avec la confiance et la gaieté d'une jeune princesse accoutumée à être fêtée et caressée. Occupée d'une nouvelle mode qu'elle avait imaginée ce jour-là, elle ne prit pas garde à la physionomie sérieuse de la fée, et lui demanda avec empressement comment elle la trouvait dans son nouvel appareil. Mais Sublime, sans lui répondre, se borna à lui montrer un miroir qui était auprès d'elle. La jeune reine, persuadée que c'était une façon détournée de lui dire : — « Mon Dieu, que vous êtes jolie aujourd'hui! que cette parure vous sied bien! que cette façon de se mettre est heureusement imaginée! » — enfin tout ce qu'elle s'était dit à elle-même il n'y avait qu'un instant, s'empressa de prendre le miroir. La figure qu'elle aperçut dans ce miroir la fit d'abord éclater de rire; ensuite elle se retourna vivement pour considérer de plus près la vieille si ridicule qui venait de lui apparaître. Mais, voyant avec surprise qu'il n'y avait personne derrière elle, elle se rapprocha de la glace avec anxiété. Quel fut son étonnement quand elle se fut assurée que cette vieille, dont la vue l'avait tant divertie, n'était autre qu'elle-

même. Elle fit un cri perçant, laissa tomber la glace, et s'évanouit. La fée avait pris ses précautions pour qu'il n'y eût pas de témoins de cette scène; elle fut d'abord attendrie, mais n'en resta pas moins déterminée à donner suite à son projet. Elle s'empressa d'abord de la faire revenir à elle. Quand la princesse eut repris ses sens, et quand elle se fut confirmée dans la réalité de sa disgrâce, sa douleur s'exhala dans les plaintes les plus amères. La fée voulut en vain essayer de la calmer; toute sa science et tout son grand esprit se trouvèrent bien médiocres pour consoler une princesse du malheur d'avoir perdu si subitement les apparences de la jeunesse et de la beauté. Bellinette continuait à se lamenter, passant tour à tour des reproches aux supplications. Sublime, touchée de compassion, eut peine à résister aux plaintes et aux prières qu'elle entendait; mais, comme elle ne voulait pas apprendre à la princesse que cette cruelle métamorphose était son ouvrage, elle se contenta de lui dire avec fermeté qu'il fallait se soumettre à l'ordre du Destin. — « Otez-moi donc la vie ! » — s'écria Bellinette d'un ton si déterminé que la fée fut alarmée de son désespoir, et que, pour tâcher d'adoucir sa peine, elle lui dit : — « Tout ce que je puis faire pour vous, ma chère enfant, est de vous rendre alternativement jeune et vieille. » — La princesse, bien qu'elle fût persuadée qu'elle ne pourrait rien obtenir de plus, ne voulut cependant point se soumettre sans tenter un dernier effort pour échapper à la cruelle extrémité où elle se voyait réduite. Elle fit donc encore toutes les objections que l'amour-propre peut suggérer. — « Comment voulez-vous, disait-elle, que je paraisse, vieille avant le temps, aux yeux de mon peuple et de toute ma cour? Combien nous allons paraître ridicules vous et moi! Comme on va faire peu de cas de votre puissance! Vous allez vous perdre de réputation! » — Mais Sublime, qui avait tout prévu pour atteindre sûrement son but, lui répondit : — « Peu importe ce qu'on dira de moi; je saurai bien me faire respecter à l'occasion. Une seule chose m'est possible pour diminuer votre chagrin et vous prouver que je vous aime, c'est de vous faire passer pour votre grand'-tante, que l'on sait avoir été enlevée, il y a quarante ans, par  Grondine, la plus méchante de toutes les fées, et dont on n'a plus entendu parler depuis; je dirai que, touchée du récit que je vous ai fait des malheurs de cette tante, vous avez désiré, par bonté de cœur, lui céder votre trône de deux jours l'un, pour lui donner au moins quelques moments heureux sur la fin de sa carrière. J'ajouterai que vous n'avez même obtenu cette grâce de Grondine qu'à la condition d'aller prendre la place de votre tante, quand elle vous suppléerait. Ce trait de générosité ne pourra manquer de vous faire honneur. Et ce ne sera pas encore, ajouta-t-elle, le seul avantage que vous pourrez retirer de votre disgrâce. Vous allez voir à découvert le cœur de tous les gens qui vous environnent. Vous serez effrayée du peu de sincérité que vous trouverez chez les personnes qui jusqu'à présent vous ont semblé n'être occupées qu'à vous plaire et à vous admirer. La façon dont elles vous parleront de vous-même, quand vous aurez la figure de votre vieille tante, ne sera pas inutile pour vous corriger de vos défauts. »

Cela dit, la fée toucha Bellinette de sa baguette, lui fit reprendre sa figure naturelle pour quelques jours pendant lesquels elle prit soin d'accréditer la nouvelle du retour prochain de la vieille tante. Quand cette nouvelle fut bien établie, elle annonça l'arrivée de la tante pour le lendemain. Tout le monde prit congé de la jeune reine avec l'apparence de la plus vive douleur, car on supposait qu'elle passerait fort mal son temps chez la fée Grondine. Les gens de la cour, en rentrant chez eux, s'occupèrent de la grande présentation du lendemain; on tint même conseil sur la façon de recevoir cette vieille princesse, dont personne n'avait gardé le souvenir. Enfin l'on convint que l'on prendrait les habits les plus sérieux que l'on aurait dans sa garde-robe. Le battant-l'œil, les écharpes, les petits manteaux furent imaginés pour la circonstance. On crut ne pouvoir mieux faire que de recourir à ce qu'il y avait de plus suranné et de plus oublié, tant on désirait réussir auprès de la vieille reine, assurément passionnée pour les anciennes modes.

Sublime se souvint que les vieilles ont la réputation d'être fort matinales, et, comme elle ne voulait rien négliger, — afin de mieux donner le change, — elle fit monter dès la pointe du jour la désolée Bellinette dans son char, pour la ramener, quelques instants après, sous le nom et la figure de la tante Belline. — « Songez, lui dit-elle en chemin, que vous êtes  une personne d'un âge très-avancé, et n'oubliez pas que vos discours et votre maintien doivent répondre à l'opinion que l'on a prise de vous. » — La tristesse de Belline devait lui tenir lieu de sagesse et de réserve.

A son arrivée à la cour, chacun s'empressa auprès d'elle; elle n'avait pas encore parlé que l'on vantait déjà la lucidité de son esprit et l'excès de sa prudence.

Enfin, tous les sots et plats courtisans, — et le nombre en est toujours considérable, — ne pouvaient se taire sur l'avantage inespéré d'être enfin gouvernés par une reine d'une expérience consommée. Cependant cette vieille n'avait que treize ans, et ses propos, regardés la veille comme légers et frivoles, n'avaient pas acquis le lendemain plus de solidité; mais la prévention suffit; c'est elle qui décide, et la cour, semblable en cela au peuple, se laisse toujours entraîner par les apparences. Belline réussit donc parfaitement, au gré de ses sujets; sa prudence fut vantée; on ne tarissait pas sur sa sagesse, et ses malheurs excitèrent une sympathie universelle. Quelques paroles hasardées et quelques vivacités de jeunesse furent considérées comme des restes précieux des agréments qu'elle avait eus autrefois. On en vint même jusqu'à critiquer Bellinette, qui, malgré son dépit et son indignation, parut applaudir, sous les traits de la tante Belline, à toutes les petites méchancetés qu'on débitait contre elle-même. — « N'était-ce pas passer sa vie à jouer à la poupée, que d'être gouverné par une reine de treize ans? disaient les uns. Sa naïveté, qu'on vante, n'est que sottise, disaient les autres; les plaisirs qu'elle aime, ajoutait-on, ne sont qu'une cause de fatigues insup-

Elle avait été employée à lire dans les grimoires les plus vieux
et les plus incompréhensibles.

portables, sans jamais donner aucune satisfaction à l'esprit ; enfin, cette enfance éternelle, à laquelle il fallait se soumettre, n'était-elle pas le comble de l'humiliation pour une cour éclairée et respectable? Ce n'est, en vérité, que de ce moment que l'on commence à vivre et à respirer ! »

Bellinette ne pouvait revenir de sa surprise ; la scène du lendemain, où elle apparut dans tout l'éclat de sa jeunesse, ajouta encore à son étonnement ; car elle fut reçu avec toutes les marques de l'attachement le plus véritable. Il semblait qu'on n'eût employé le temps de son absence qu'à regretter son départ et à souhaiter son retour. On assurait n'avoir fait que se torturer la tête pour deviner ce qu'elle avait pu faire pendant une mortelle journée auprès de la farouche Grondine. — « Sans doute, ajoutait-on, elle avait été employée à lire dans les grimoires les plus vieux et les plus incompréhensibles, ou condamnée à exécuter des tâches au-dessus de la dextérité et de la patience humaines, ou renfermée dans une sombre tour avec un peu de pain et d'eau ! » — Sur ce point, la petite reine laissa croire tout ce qu'on voulut. On lui jurait, d'ailleurs, — « qu'on n'était pas encore revenu de l'ennui qu'on avait éprouvé la veille. Pouvait-on comprendre le courage qu'avait eu cette vieille reine de parader sur un trône? Il était même aisé de s'apercevoir qu'elle n'avait jamais été jolie. Ce qui était certain aussi, c'est que son esprit était encore plus baissé que son grand âge ne le comportait. En un mot, c'était un radotage parfait. » — Telle était la nature contradictoire des propos que Bellinette était condamnée à entendre.

Il lui était cruel de passer sa vie à se voir déchirer sous toutes les formes; mais la situation des courtisans n'était guère plus agréable. Il leur fallait d'un jour à l'autre se transformer, se transfigurer au physique et au moral. Cette métamorphose continuelle devint d'ailleurs une excellente leçon pour une princesse née avec un esprit supérieur. Elle ne fut pas longtemps à voir clairement le peu de cas qu'elle devait faire des flatteries et des éloges qui lui étaient sans cesse prodigués. Du reste, les critiques amères qu'elle essuyait étaient d'autant plus piquantes qu'elles étaient accompagnées de toute la malignité que le désir de plaire inspirait suivant qu'on croyait parler à la jeune ou à la vieille reine. Aussi la princesse, après avoir passé par bien des tourments, apprit-elle à connaître son entourage en particulier et les hommes en général.

Tel était le spectacle que présentait la cour de Bellinette. La curiosité de voir une chose si singulière y avait attiré plusieurs princes étrangers; car, dans ces temps de féerie, les rois eux-mêmes cherchaient à s'instruire par les voyages. Toutefois, le ridicule d'une cour où l'on passait des fatigues enfantines du colin-maillard et des jeux-innocents à l'embarras d'oser se montrer sans béquilles et sans lunettes ne pouvait engager à y faire un bien long séjour.

Le prince Brillant, guidé par la bonne fée Cotte-Blanche, qui avait présidé à son éducation et qui l'aimait si fort qu'elle ne pouvait s'en séparer; le prince Brillant, dis-je, parut à cette cour avec un équipage digne de son rang. Il était bien fait; son abord était agréable et sa physionomie douce et imposante à la fois; enfin sa conversation, vive et enjouée, convenait parfaitement au nom qu'il portait. Si Bellinette lui parut charmante, il ne tarda pas à faire une pareille impression sur l'esprit de la princesse. Brillant n'était pas sans défauts à coup sûr; mais existe-t-il des défauts, ou du moins songe-t-on à les remarquer chez les personnes qui réunissent une haute fortune, les grâces de la jeunesse et l'éclat de l'esprit?

Bellinette avait perdu une partie de sa gaieté et de

son enjouement depuis ses malheurs. La vieillesse, qui l'attendait inévitablement tous les deux jours, l'affligeait plus sensiblement que le retour alternatif de la jeunesse ne lui procurait de satisfaction. Ces préoccupations, sans altérer ses charmes, répandaient un air de langueur et de retenue dans toute sa personne. La fée applaudissait fort à cette façon d'être ; elle regardait la vivacité diminuée chez la petite reine comme un commencement de sagesse.

Sublime s'aperçut bientôt que Bellinette et Brillant se plaisaient l'un à l'autre ; elle approuva leurs sentiments et prit la résolution de les unir tôt ou tard par les liens du mariage. L'amour que la jeune princesse éprouvait pour Brillant changea encore en bien son caractère ; mais il lui fit éprouver bien des inquiétudes. Elle avait surtout défendu à Brillant de paraître jamais en la présence de Belline, car elle ne voulait le voir que sûre de lui plaire. Elle avait été obéie dans le commencement ; mais la défense devint bientôt pour le prince un puissant attrait ; il n'était pas assez amoureux pour connaître le prix d'un sacrifice. Il se fit donc une idée délicieuse de plaire à Belline et de n'aimer que Bellinette. La première fois que la princesse, sous la figure de vieille, l'aperçut dans son cercle, elle le reçut avec l'air du monde le plus froid, bien résolue de ne lui point parler. Le prince, piqué de l'accueil qu'il recevait, mit en usage toutes les ressources de son esprit pour la séduire. La princesse tint bon d'abord; il lui semblait qu'il n'y avait que les hommages que l'on rendait  à sa beauté, qui dussent avoir le privilége de la toucher. Elle ignorait qu'il y avait encore d'autres manières de plaire; mais sa coquetterie lui servit de leçon. L'esprit était son unique ressource; elle sut l'employer, de sorte que le prince finit par trouver que Belline était une des plus agréables vieilles femmes qu'on pût rencontrer à la cour. Bientôt la princesse s'accoutuma à se montrer sous des rides aux yeux de son fiancé. Le prince, de son côté, ne pouvait quitter Belline sans peine, mais il retrouvait toujours Bellinette avec plus de plaisir.

Cependant la bonne fée Cotte-Blanche n'avait point abandonné le prince depuis son arrivée à la cour; semblable aux mères qui croient avoir tout fait quand elles n'ont pas perdu leurs filles de vue, elle ne lui avait jamais donné le moindre conseil sur sa conduite. Charmée des préférences qu'il semblait obtenir de la part de la princesse, elle vint trouver Sublime, et lui dit : — « Nos

enfants s'aiment ; ils sont nés l'un pour l'autre ; pourquoi différer de les unir ? » — « Il n'est pas temps encore, lui répondit Sublime. L'éducation de Bellinette est loin d'être complète; quant à votre prince, il devra s'amender sur plus d'un point. Son cœur est souvent aveuglé par son esprit. L'habitude du trône lui fait penser que tous les hommes sont venus au monde pour son service. Travaillons donc à les rendre bons, justes, modestes, délicats dans leurs sentiments, réglés dans leurs discours et assez éclairés pour faire le bonheur des hommes qu'ils sont appelés à gouverner. » — « Voilà, répondit la bonne Cotte-Blanche, qui est bien dit et sagement pensé. Vous pouvez compter sur mon concours empressé. »

Nos deux fées se croyaient maîtresses absolues de la destinée de leurs élèves; mais, en cela, elles se trompaient, car, toutes puissantes qu'elles fussent, elles rencontrèrent, dans l'exécution de leurs desseins, des obstacles qu'elles ne surmontèrent pas sans peine.

OU LA JEUNE VIEILLE.

Pour que la suite de cette histoire soit plus facilement comprise, il est à propos que nous disions ici qui était la véritable Belline et ce qu'elle était devenue ; il faut aussi que nous fassions connaître les motifs qui décidèrent la fée Grondine à se jeter à la traverse des projets de Sublime et de Cotte-Blanche.

Grondine avait été autrefois chargée de diriger l'éducation de la vraie Belline ; mais, comme elle était, par tempérament, de la plus détestable humeur, elle passait ses journées à accabler la pauvre enfant de reproches et de puni-
tions. Belline était continuellement réduite à se cacher dans un coin de sa chambre pour pleurer tant, que cela faisait pitié. Ses tourments et ses peines ne l'em-

pêchèrent point cependant de grandir et de devenir belle et éblouissante. Plusieurs princes auraient désiré la rechercher en mariage; mais la crainte que Grondine inspirait autour d'elle éloigna tous les prétendants. Le prince Fidélio fut le seul qui tint bon, et qui osa braver le mauvais vouloir de la fée. Il se proposa pour époux, et fut accepté de la princesse; mais nos deux amants avaient négligé de consulter la fée; il n'en fallut pas davantage pour exciter sa fureur. Un beau jour, elle les enleva dans son char, et, après les avoir conduits au bord de la mer Glaciale, elle en déposa un au pied d'une montagne et l'autre au sommet, en leur disant : — « Cherchez-vous à présent, mes petits amis, parlez-vous; trompez-moi, j'y consens, si vous le pouvez. » — En effet, quand l'un montait, l'autre, entraîné par une force irrésistible, était obligé de descendre; quand Fidélio s'arrêtait, Belline se sentait clouée sur place. Tel était l'enchantement inventé par la fée. Grondine, très-satisfaite du beau tour qu'elle venait de jouer aux deux amants, s'en retourna dans son château. Cependant, un jour la doyenne du collége des fées, en consultant son grand livre, vit que le prince et la princesse ne se trouvaient pas à leur place accoutumée. Elle en demanda compte à Grondine, qui fut obligée, dans une extrême confusion, d'avouer son guet-apens. Le conseil envoya

Pour faire son coup, elle choisit un jour que le prince était à la chasse.

immédiatement délivrer Belline et Fidélio, et, en leur présence, condamna Grondine, pour la punir de sa méchanceté, à demeurer chouette pendant trente ans. Quant au prince et à la princesse, ils furent mariés et établis, sur leur demande, dans une des îles fortunées, où ils vivaient heureux et inconnus.

Au temps où se passait l'histoire que je raconte, Grondine avait recouvré son premier état et sa puissance de fée, mais elle n'était devenue ni plus douce, ni plus raisonnable. Quand, en effet, elle apprit que la fée Sublime avait donné les traits de Belline à sa protégée la princesse Bellinette, elle supposa qu'elle n'avait agi ainsi que pour l'humilier, elle, fée Grondine, en rappelant à l'univers le souvenir de la punition qui lui avait été infligée. Le sang lui monta à la tête, et, ne consultant plus que sa fureur, elle résolut de déranger les projets de ses compagnes, et de faire tomber sa colère sur le prince Brillant et sur Bellinette. Pour exécuter son coup, elle choisit un jour que le prince était à la chasse; elle l'enveloppa d'un nuage épais, et, paraissant tout à coup, elle le força, par ses artifices, à monter dans son char, qu'un équipage de chiens et de chats tirait de ci et de là, car ce que l'humeur arrange et ce que la discorde tire ne marche pas ordinairement d'un pas trop égal. Quand le char se fut arrêté devant la caverne que la fée habitait, et qui était

remplie de tous les animaux les plus repoussants, Brillant lui demanda avec fierté ce qu'elle avait résolu de faire de lui. — « Ce que je veux faire de vous, reprit-elle avec le ton de voix enroué que donne l'habitude de la méchanceté et de la colère; vraiment! vraiment! Ce sont bien les fées que l'on interroge de cette façon! Mais, voyez, je vous prie, je vais m'empresser de lui dire ce que je veux faire de lui! J'instruirai Monsieur! Je demanderai conseil à Monsieur! Il sera bon que je sache si Monsieur approuve ma conduite, et que je la réforme au plus vite, si elle ne plaît pas à Monsieur! »

— Cette belle tirade fut interrompue par les menaces qu'elle fut obligée d'adresser à ses chiens, qui se battaient, et à ses chats, qui juraient et se querellaient. Quand Brillant eut trouvé l'instant un peu plus favorable, il lui dit avec douceur : — « Hé ! Madame, que vous ai-je fait ? » — « Quoi ! tu me feras toujours des questions ? s'écria-t-elle. Je suis bien faite pour y répondre ! Sache seulement que Sublime et Cotte-Blanche se repentiront de l'injure qu'elles m'ont faite ! Et quant à toi, ajouta-t-elle en s'échauffant, en balbutiant, comme si les mots s'arrêtaient à sa gorge contractée par la colère, quant à toi… tu ne verras ta Belinette… que… quand… » — En ce moment, et avant qu'elle eût  achevé, Cotte-Blanche, qui n'avait pas perdu le prince de vue, se trouva derrière elle, et lui souffla : — « Que tu n'en sois digne !… » — Grondine, machinalement, répéta ce qu'elle entendait sans y faire réflexion, tant elle était hors d'elle-même, et ne prononça pas la sentence qui aurait pu rendre à jamais impossible la réunion du prince et de la petite reine.

Après cet important service, Cotte-Blanche se retira,

et laissa crier Grondine, dont les paroles ne pouvaient plus être qu'un vain bruit. Le prince, prisonnier d'une aussi méchante femme, n'avait pas d'autre consolation que le souvenir de Bellinette; tous ses plaisirs n'étaient que des regrets. Pendant le triste séjour qu'il fit auprès de Grondine, il remarqua non-seulement les inconvénients, mais encore l'inutilité de la bile, de l'aigreur, de l'emportement, de l'injustice et de la prévention. Il fit là-dessus de si sérieuses réflexions, qu'il resta, tout le reste de sa vie, d'un caractère égal et modéré. Après que quelques mois se furent écoulés, la fée, ennuyée des fiertés et des lamentations du prince, résolut de se débarrasser de lui, et finit par le transporter et le déposer, pendant qu'il dormait, dans une île inconnue. Ce ne fut pas assurément le bruit qui interrompit le sommeil de Brillant, car le silence le plus profond régnait autour de lui. A son réveil, il se vit entouré d'une foule de gens qui le considéraient avec étonnement; il parla: mais on le regarda sans répondre. Il eut alors recours aux gestes, qui forment le premier fond de la langue universelle, et il fut à peu près compris. Avant la fin du jour, il avait reconnu que les habitants du pays où il venait d'être délaissé étaient sourds et muets. L'envie de briller et de montrer de l'esprit, qui ne l'avait pas encore abandonné, ne lui fut, dans sa nouvelle situation, d'aucune ressource; cette éloquence naturelle, cette imagination vive, ce feu dont il tirait vanité, lui devinrent là parfaitement inutiles. Les usages auxquels il fut contraint de se soumettre et les réflexions qu'il fut obligé de faire devinrent pour lui une excellente leçon. Il acquit en peu de temps le jugement, le bon sens et le maintien. Il est vrai que les chagrins de l'exil contribuèrent beaucoup encore à le mettre au ton des habitants de ce mélancolique pays. Il tenta tous les moyens imaginables pour sortir de l'île; mais il reconnut bientôt que les peuples au milieu desquels il vivait avaient l'ordre de ne pas le laisser échapper. Il ne trouva rien de mieux pour se distraire de ses ennuis que de parcourir et d'étudier le pays dans lequel il se trouvait confiné sans espoir d'en sortir. Il visita plusieurs provinces, recevant partout le meilleur accueil, mais ne trouvant nulle part personne qui, à tel prix qu'il offrît, voulût l'aider dans ses projets d'évasion. Un jour que, plus désespéré que jamais et exténué de fatigue, il prenait un peu de repos sur le bord de la mer, à l'ombre que lui offraient de grands arbres, vieux comme le monde, il vit venir et s'arrêter devant lui un char traîné par des colombes. Comme bien vous pensez, il se hâta d'y monter à tout hasard. Les colombes prirent leur vol, traversèrent plusieurs éten-

dues de terre et de mer, et s'arrêtèrent dans un pays si fertile et si délicieux, que le prince en fut ravi, malgré la tristesse et le chagrin auxquels il était en proie depuis qu'il était séparé de Bellinette. Il se trouvait dans une des Iles-Fortunées. Après avoir récréé ses yeux de toutes les beautés que la nature offrait à son admiration, il résolut de se mettre à la recherche des ressources que le pays lui pourrait offrir pour vivre. Dans sa course, il rencontra une petite vieille, simplement vêtue, qui courait au secours d'un oiseau qui s'était pris la patte entre deux branches, et qui témoignait sa douleur par la façon dont il se débattait. Quel fut l'étonnement du prince, en reconnaissant, dans cette vieille femme, Belline elle-même! Il courut à elle, et lui fit mille compliments et mille protestations sur le bonheur qu'il éprouvait de la retrouver. Belline, la véritablement vieille Belline, ne pouvant rien comprendre aux discours du prince, fut très-embarrassée, et allait se retirer. Le prince insista et raconta ses relations avec la vieille tante de Bellinette. Belline ne comprenait pas davantage, puisqu'elle n'était jamais sortie de son île et qu'elle ignorait l'adroite supercherie de la fée Sublime. Le prince, cependant, avait l'air si sincère et en même temps si malheureux, que la petite vieille, prise de compassion, l'amena chez elle et l'installa dans une habitation qui ne manquait pas d'élégance, malgré son apparence rustique. Fidélio, le mari de Belline, cassé aussi par l'âge, arriva quelques instants après. Dès qu'il eut été mis au courant de tout ce qui concernait notre prince, et bien que son histoire lui parût assez inexplicable, il ne put s'empêcher de s'intéresser à lui, et le pria d'accepter une hospitalité qu'il lui offrait d'un cœur simple et sincère. Laissons Brillant raconter à ses hôtes le détail de toutes ses aventures, et revenons à Bellinette.

Grondine, après avoir enlevé Brillant, s'était aussi emparée de la petite reine, sans que l'art de Sublime et de Cotte-Blanche eût pu y mettre obstacle. La princesse, — qui, dans le moment où elle fut surprise, était transformée en Belline, c'est-à-dire vieille, —

ne fut pas plutôt en la possession de la méchante fée, qu'elle se vit transporter dans une forêt épaisse et

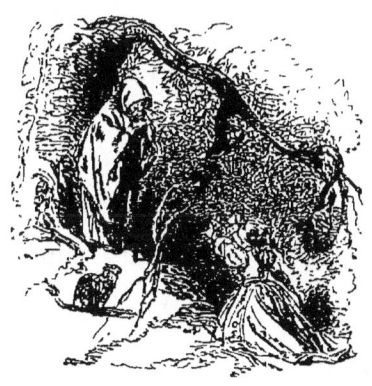

sombre, capable d'inspirer de la frayeur aux âmes les mieux trempées. Les cris, les terreurs de la princesse ne purent adoucir la fée, qui lui dit, après avoir longtemps murmuré entre ses dents : — « Oui, oui, je vous conseille de vouloir ressembler à Belline; je vous apprendrai à vous jouer de moi. » — « Quoi! Madame, c'est pour cela que vous m'enlevez, que vous me grondez, que vous me maltraitez! reprit la princesse. » — « J'ai tort, n'est-ce pas? lui répliqua Grondine, de faire voir à Sublime qu'elle n'est qu'une bête, avec tout son esprit et toutes ses grandes réflexions à perte de vue; mais nous verrons bien si vous oserez paraître encore sous la forme d'une princesse dont la figure vient toujours me tourmenter, après tant d'années! » — « Ah! Madame, interrompit la petite reine avec vivacité, si je n'étais jamais plus Belline, que je vous aurais d'obligations! Le ciel m'est témoin que c'est un rôle que je n'ai jamais joué par goût. » — « Je suis bien fâchée de vous ôter une chose qui vous faisait tant de peine, reprit Grondine ; mais je n'ai pas d'autre moyen de me venger de Sublime. Non, non, vous ne serez plus Belline. » — « Oserais-je vous demander, lui dit Bellinette avec inquiétude, qui je serai à présent? » — « Qui vous serez? répliqua Grondine. Vous serez Bellinette. Qui voudriez-vous donc être? Allez, vous n'êtes qu'une petite paresseuse qu'on a toujours tenue renfermée dans un palais ; voyagez, courez le monde ; je ne vous veux pas de mal, d'ailleurs, mais je vous préviens que vos peines ne finiront pas avant *qu'un portrait, où tout le monde vous reconnaîtra, ne soit cependant pas ressemblant.* »

Les chiens et les chats reprirent leur course ou leur vol, et je m'exprime ainsi parce que Grondine leur donnait des pattes ou des ailes, suivant son humeur. Quoi qu'il en soit, le char disparut, et Bellinette demeura seule, avec la consolation de croire qu'elle ne serait plus et qu'elle ne paraîtrait plus vieille avant le temps. Elle ne songea pas à prendre souci de la solitude dans laquelle elle se trouvait abandonnée, mais elle n'oublia pas de tirer un miroir de sa poche et de s'assurer si toutes les marques de la décrépitude avaient bien disparu de son visage ; si elle avait, en un mot, recouvré tout l'éclat et tous les charmes de la jeunesse. Quand elle fut bien convaincue qu'elle était aussi belle qu'elle l'avait jamais été, elle éprouva, comme bien vous pensez, un parfait contentement.

Cependant Sublime avait volé au secours de la princesse ; mais elle était arrivée trop tard pour conjurer l'enchantement de Grondine. Tout ce qu'elle pouvait faire, c'était de protéger son élève chérie dans les voyages auxquels elle était condamnée. Elle jugea à propos d'abord de faire que Bellinette, jeune à ses propres yeux, parut encore vieille aux yeux de tout le monde ; mais en même temps elle décida que ce ne serait plus sous la forme et les traits de Belline. Ensuite elle chargea une mouche de la suivre et de veiller sur elle, sans jamais se faire connaître, attendu qu'il n'était pas convenable qu'une princesse voyageât seule. La petite reine, enchantée de sa beauté revenue, se mit en marche, ne songeant qu'au plaisir qu'elle aurait de rencontrer le prince Brillant. Pour remédier aux inconvénients du voyage, Sublime lui fit trouver au pied d'un arbre un de ces petits paniers que les filles portent à l'école ; il renfermait une collation

complète en miniature, une serviette et un parasol couleur de rose : le tout ensemble ne pesait pas plus d'une once. La petite reine ramassa le panier, parce qu'il lui parut d'une jolie forme, et le conserva, parce qu'il lui devint nécessaire par la suite. A la vérité, il lui fallut un certain temps pour en connaître les admirables propriétés. Elle marcha quelques heures, et, la nuit approchant, le besoin de manger l'obligea de recourir aux vivres de son panier. Ces vivres, de microscopiques qu'ils étaient, devinrent assez abondants pour nourrir trois ou quatre personnes affamées de l'âge de notre héroïne. Quand elle eut dîné, elle sentit le besoin de prendre du repos. La propreté lui fit donc étendre à terre la serviette pour se coucher ; la crainte de l'humidité lui fit planter son parasol pour s'en faire un abri, et l'habitude d'avoir la tête élevée fit qu'elle l'appuya sur son panier. La serviette devint à l'instant un bon lit, le parasol forma un solide baldaquin et d'épais rideaux, enfin le panier se trouva être le meilleur des traversins. Avec de tels secours, Bellinette passa une excellente nuit. Le soleil et le chant des oiseaux la réveillèrent dès le matin. Son premier mouvement fut de chercher son miroir, pour voir si elle était encore jeune. Elle eut la satisfaction de se

trouver telle qu'elle le désirait, et de voir que sa coiffure n'était nullement dérangée; elle reconnut ensuite avec surprise qu'elle n'était point fatiguée, car elle était de bonne foi, et croyait fermement avoir couché sur la dure, chose qu'elle avait redouté toute sa vie. L'espérance d'avoir oublié quelque chose la veille dans son panier l'engagea à le visiter de nouveau; elle y trouva du pain et du café au lait : c'était son déjeuner ordinaire. Cette protection visible des fées, et surtout sa jeunesse confirmée, lui donnaient une joie et une confiance bien nécessaires pour entreprendre, dans un pays inconnu, les voyages auxquels elle était condamnée, et qu'elle ne pouvait éviter, toute reine qu'elle était. Elle ploya son petit équi-

page, passa l'anse de son panier dans son bras gauche, tint son parasol de la main droite, et se mit gaiement en marche. A la dînée, la serviette devint fauteuil, le parasol une tente, et le panier, ayant pris la forme d'une table, présenta un ensemble bien entendu de mets nouveaux et délicieux.

Après quelques jours de voyage, elle entendit le bruit d'une chasse, et vit paraître tout à coup, au détour d'une route, un jeune homme suivi d'une cour brillante. C'était le Prince-des-Plumes, qui, frappé de l'équipage de la princesse, ne douta pas qu'il eût affaire à une véritable fée. On sait combien ces dames ont toujours été respectées et redoutées. En conséquence, le Prince-des-Plumes ne balança pas un moment à mettre pied à terre, à aborder Bellinette avec toute la soumission possible et à lui protester qu'il ne négligerait rien pour mériter ses bontés. La petite reine reçut

ces hommages, comme s'ils étaient rendus à sa beauté et à ses charmes : son amour-propre en fut satisfait. Cependant les impressions qu'elle faisait étaient tout autres que celles qu'elle imaginait. Que d'erreurs sont pareilles à la sienne! Les petits mots, les petites mines, les gentillesses enfantines peuvent plaire dans une jeune personne, mais paraissent ridicules chez une femme d'âge déjà mûr; aussi le prince aurait-il éclaté de rire au nez de Bellinette, sans le respect que lui inspirait l'air vénérable que lui paraissait avoir cette nouvelle fée. Quoi qu'il en soit, le Prince-des-Plumes lui fit donner le plus beau de ses chevaux et la conduisit à son palais, où il la présenta à la reine, sa mère. Sublime, sans paraître, eut soin d'entretenir la cour dans les idées qu'elle s'était formée au sujet de sa jeune protégée, et laissa croire que ce n'était qu'une vieille fée excentrique, qui avait la manie de singer les manières et le langage de la jeunesse. Sans cette précaution, Bellinette se fût bientôt compromise par ses vivacités; elle ne paraissait, en effet, désirer que les bals, les spectacles et les fêtes; on lui donna, sous ce rapport, entière satisfaction. Mais tous ces amusements, que sa coquetterie naturelle lui faisait aimer, ne furent pour elle qu'une cause de surprises et de chagrins. Les jeunes gens de la cour la recherchaient assurément, et ne négligeaient même rien pour lui plaire; mais c'était d'une façon cruelle pour sa vanité de jeune fille. On avait recours à sa justice, à son crédit, à son autorité; on la traitait en personne importante et redoutable; mais on ne lui parlait pas d'elle-même. Quelle peine pour une jolie princesse d'entendre toujours vanter la beauté et les grâces des autres femmes! Elle fut obligée de rabattre un peu de sa fierté; car plus elle faisait d'avances, plus elle provoquait de compliments, et moins on faisait de frais pour lui être agréable. On était respectueux avec elle, mais fort peu galant. Cette situation humiliante réduisit la princesse au désespoir. Fatiguée de toutes ces fêtes qu'elle avait tant désirées, elle prit le parti de la retraite, préférant la solitude à une cour où l'on paraissait faire si peu de cas de ses charmes. On n'a pas oublié qu'elle ignorait l'enchantement de Sublime, et qu'elle croyait paraître aux yeux du monde, non pas sous les formes d'une femme âgée, mais telle qu'elle se voyait dans son miroir.

Par une belle nuit étoilée, elle se mit donc de nouveau en marche, toujours suivie de la mouche que Sublime avait attachée à sa personne, pour la préserver des accidents qui ne sont que trop communs en voyage. Cette mouche était fine et prudente. Ainsi, quand elle apercevait quelque objet qui pouvait être une occasion de danger pour la petite reine, elle la couvrait d'une de ses ailes et la rendait invisible; elle faisait de même pour la préserver de la vue des choses qui ne pouvaient convenir ni à son âge ni à son sexe.

L'aventure de Bellinette à la cour du Prince-des-Plumes lui inspira de sérieuses réflexions : en même temps qu'elle appréciait le bonheur et l'avantage d'être aimée souverainement, elle se disait qu'il ne suffit pas toujours d'être belle pour enchaîner les cœurs. Tout en se rappelant le passé, tout en pensant au prince Brillant, elle continua son voyage, et arriva auprès de la Fontaine-des-Roses, très-célèbre autrefois par le concours des amants, qui y venaient en pèlerinage. Toute jeune qu'elle était, elle fut frappée, et même émue, des beautés de ce lieu champêtre. Ce qui l'intéressa surtout, ce qui l'amusa même, ce fut la quantité considérable de papillons

qui voltigeaient autour de la fontaine. Elle admira la variété et l'éclat de leurs couleurs, ainsi que la vivacité de leur vol. Bellinette se reposa au bord de cette fontaine, charmée de l'ombre et de la fraîcheur qu'elle y trouvait. La fatigue et de tendres méditations la plongèrent bientôt dans un profond sommeil. Sublime, qui tenait à mettre à profit les dispositions favorables du cœur de la princesse, lui envoya un songe mystérieux. Tous les papillons qui l'avaient occupée pendant le jour se présentèrent à son imagination. Ces symboles de l'inconstance, de la légèreté et de la coquetterie lui parurent avoir des têtes charmantes, parce qu'elles exprimaient le désir de plaire; mais, tout bien examiné, elle reconnut que ces têtes, mâles et femelles, en apparence si séduisantes, tenaient à des

corps de tigres, de fouines, de chats, de blaireaux et autres animaux de la plus méchante et la plus détestable espèce. Après son réveil, la petite reine fut préoccupée de son rêve; elle réfléchit sur ce qu'elle avait vu, et elle arriva à cette conclusion que, dans le monde, il est bon de se défier des apparences extérieures, quelque belles et quelque séduisantes qu'elles fussent, de se tenir en garde contre les piéges tendus par les raffinements de la coquetterie étudiée, et de ne pas se laisser séduire par les compliments sans sincérité et les flatteries banales que les conventions de la société mettent à la mode. Mécontente déjà du peu d'impression que ses charmes avaient produit à la cour du Prince-des-Plumes, elle commença à avoir quelques doutes sur leur puissance. La constance et la véritable affection se présentèrent dès lors à son esprit avec toute leur valeur. Elle se rappela les soins et le dévouement du prince Brillant, et comprit qu'elle ne serait heureuse que quand la fortune aurait uni leurs mains, comme elle avait déjà uni leurs cœurs.

Bellinette, rendue chaque jour plus sage, mûrie, on peut le dire, avant l'âge, quitta avec empressement la fontaine des Roses, qui ne lui parut plus avoir les mêmes beautés qu'elle y avait trouvées la veille. Elle ne marcha pas longtemps sans rencontrer les bords de la mer. Le spectacle de l'immensité de l'Océan, nouveau pour ses yeux, la frappa d'étonnement et d'admiration; elle s'assit, et, toute absorbée

par la contemplation, elle laissa tomber son panier, son panier d'une si jolie forme, son panier qui la nourrissait, qui contenait tout ce qu'elle possédait. Elle n'hésita pas à courir après la vague qui emportait tous ses trésors; mais à peine eut-elle fait un pas

dans la mer, que le panier devint un petit navire charmant, où la princesse monta avec tant de facilité, qu'elle ne fut presque pas mouillée. Ce navire, qui lui offrait toutes les commodités désirables, la conduisit en peu de temps aux Iles-Fortunées, dont j'ai déjà parlé. Bellinette débarqua. A peine eut-elle mis pied à terre, que le navire redevint aussitôt le petit panier. Élevée par les fées, elle ne fut point étonnée de tous ces prodiges. Bien loin de là, elle prit confiance et conçut l'espoir d'atteindre bientôt le but de ses désirs.

Elle eut fait à peine quelques pas dans l'île, que Fidélio et Belline, qui l'avaient vue débarquer, vinrent au-devant d'elle, lui offrirent leurs services, et l'amenèrent à leur habitation. Tout en marchant, ils rencontrèrent le prince Brillant, qui rêvait à l'ombre d'un palmier. La petite reine rougit, voulut courir à lui; mais Belline l'arrêta, en lui disant : — « Il pense à Bellinette, il est heureux, ne le troublons pas. » — La princesse, charmée de ce qu'elle venait d'entendre, se reprocha la démarche qu'elle avait voulu faire, et résolut de ménager à son fiancé le plaisir de la surprise. Le prince cependant les aperçut, se leva, vint les joindre et salua Bellinette avec  une cérémonie si froide qu'elle ne sut qu'en penser. Elle lui fit, à cet égard, quelques reproches détournés; il n'y répondit que par des plaisanteries douces et légères. Bellinette ne savait que penser d'un tel accueil. Aussi, arrivée au chalet, se retira-t-elle à l'écart, se disant en elle-même avec inquiétude : — « Ne serais-je plus jolie! Serais-je méconnaissable! » — Elle consulta promptement son miroir, et, se trouvant aussi bien qu'elle s'était flattée de l'être, elle ne douta plus de l'inconstance du prince, et tomba évanouie. En revenant à elle, le prince Brillant fut la première personne qui frappa ses yeux; mais elle ne vit dans le regard et la physionomie de son fiancé qu'une indifférence et un froid qui la mirent au désespoir. Elle demanda à rester seule, sous prétexte de prendre quelque repos, et ses beaux yeux répandirent des torrents de larmes. Quand elle fut un peu calmée, elle fit à Belline toutes les questions qui pouvaient intéresser son amour. Elle apprit que le prince Brillant, qui lui avait souvent raconté son histoire, ne pensait, ne rêvait qu'à Bellinette; que tous les arbres d'alentour étaient ornés du chiffre et des armes du royaume de la princesse, que mille fois  il avait essayé de faire son portrait, mais qu'il n'avait jamais été satisfait, et qu'il avait toujours déchiré son ouvrage. Ces confidences ne firent qu'augmenter le trouble et l'embarras de la petite reine. Elle se savait aimée et en même temps se voyait méprisée. Cette situation ne se pouvait soutenir. Devait-elle croire qu'elle fût changée? Cette idée, cruelle à tout âge, était affreuse à seize ans.

Il fallait cependant savoir décidément à quoi s'en tenir. Après avoir discuté bien des expédients et formé bien des projets, elle se détermina à prier Brillant de faire son portrait. Elle espérait que l'attention, nécessaire pour ce travail, lui rappellerait plus aisément ses traits. Elle ne pouvait comprendre comment ils étaient si vivement gravés dans le cœur du prince, pendant que ses yeux en étaient si peu frappés.

Le lendemain, elle fit sa proposition à Brillant, qui l'accepta par politesse, et se mit sur-le-champ à l'œu-

vre. La tête était à peu près finie, quand Belline et Fidélio arrivèrent et se récrièrent sur la prodigieuse ressemblance du portrait. Bellinette, qui n'avait pas voulu interrompre le prince, s'approcha à son tour du chevalet pour juger. — « Quoi! c'est ainsi que vous me voyez! s'écria-t-elle. Alors, je suis perdue! » — Et d'un bond elle fut hors du chalet; mais ces mots qu'elle venait de prononcer, elle les avait dit de sa voix fraîche et harmonieuse; en même temps, sans qu'elle le sût, l'enchantement cessait; elle reprenait ses grâces, sa beauté et sa jeunesse d'autrefois. Le prince Brillant avait reconnu le son de cette voix qui lui était si chère; il courut, et bientôt vit Bellinette se jeter, — non plus vieillie, comme elle lui était apparue depuis son arrivée, mais sous ses véritables traits, — dans les bras de Sublime et de Cotte-Blanche, accompagnées de la mouche, qui venait de reprendre son ancienne figure de femme de chambre. Je laisse à penser quels transports de joie et de bonheur le prince et la petite reine firent éclater en se reconnaissant!

Les fées expliquèrent en peu de mots à nos deux amants ce qu'ils avaient envie de savoir, et, les trouvant parfaitement corrigés de leurs défauts et dignes l'un de l'autre, elles sommèrent la fée Grondine, qu'elles avaient eu la précaution d'amener avec elles, de tenir sa parole et de ne plus s'opposer au mariage qu'elles avaient depuis si longtemps arrêté et préparé. Les deux conditions qu'elle avait imposées étaient remplies. D'un côté, Brillant était devenu le prince le plus parfait qu'on eût vu jusqu'alors ; d'un autre côté, on avait reconnu Bellinette, telle qu'elle paraissait, dans un portrait qui ne reproduisait pas sa ressemblance réelle. Il n'y avait donc aucun prétexte pour se dédire. Grondine, obéissant toujours à ses méchants instincts, voulut faire quelques objections, soulever quelques difficultés ; mais elles lui firent des menaces si terribles qu'elle finit par donner son consentement, après quoi elle prit promptement la fuite. Sublime et Cotte-Blanche laissèrent, suivant leur désir, Belline et Fidélio dans leur île, où ils avaient vécu heureux pendant près d'un quart de siècle, et conduisirent Bellinette et Brillant dans leur royaume, où elles présidèrent aux fêtes de leur noce. Avant de quitter les nouveaux époux, les bonnes fées les avaient comblé de bienfaits, et leur avaient donné l'assurance que, tant qu'ils s'aimeraient sincèrement, tant qu'ils seraient compatissants, justes et bons pour leurs sujets, ils jouiraient, dans leurs États, d'une félicité digne d'être enviée des plus heureux habitants des Iles-Fortunées. Ils apprirent, par leur expérience, que les fées ne les avaient pas trompés.

Je m'approchai doucement et lui enlevai sans peine le diadème
de rubis et d'émeraudes.

AVENTURES

DU

NÉGOCIANT ÉVARIC

L y a quelques années, j'avais entrepris de visiter les côtes du golfe de Gascogne. Le mauvais temps me força de chercher un refuge dans une sorte de port situé entre Saint-Sébastien et l'embouchure de l'Adour, et qui avait été jadis, sous le nom de Léa, une ville importante par son commerce. Il n'y avait là

ni hôtel, ni auberge, et je fus trop heureux de trouver l'hospitalité chez un petit bourgeois du pays qui habitait un simple appartement faisant partie d'une habitation autrefois vaste et magnifique, et depuis longtemps presque complétement tombée en ruines. Je demandai qui avait été assez opulent pour faire élever une construction aussi considérable et d'une aussi riche architecture,  dans un hameau où l'on ne trouvait plus que quelques cabanes de pêcheurs et les maisonnettes de quelques pauvres marchands. Mon hôte me dit que c'était un de ses ancêtres, connu sous le nom d'Évaric, lequel, à la suite des aventures les plus merveilleuses, avait acquis des richesses immenses, richesses dont la famille avait été dépouillée pendant les guerres et les révolutions qui n'avaient que trop bouleversé, dans les siècles passés, les diverses parties de l'Aquitaine.
— « Nous conservons, ajouta-t-il, de génération en génération, le récit, écrit par Évaric lui-même, de tout ce qui lui est arrivé de curieux dans le cours de sa vie; si vous désirez en prendre connaissance, je le mettrai, pour quelques jours, à votre disposition. » — J'acceptai la proposition. Le manuscrit me

fut confié, et j'en ai fait la traduction qu'on va lire et qui me semble ne pas manquer d'intérêt.

Je m'appelle Évaric, et je suis le troisième fils d'un négociant, qui avait gagné quelque bien dans le com-

merce. Quand j'eus atteint l'âge de dix-huit ans, je désirai vivement épouser Gosvinde, qui passait pour la fille la plus accomplie de notre ville. Je confiai mon projet à mon père; il l'approuva et se fit un plaisir d'aller solliciter pour moi la main de la belle Gosvinde. Le père de la jeune fille l'accueillit avec beaucoup de courtoisie, lui protesta qu'il serait heureux de voir se resserrer les liens d'amitié et d'estime qui unissaient les deux familles; mais il lui déclara, en même temps, qu'il ne m'accorderait sa fille que si mes parents consentaient à me donner une dot qui m'assurât une existence aisée et qui me permît de faire avantageusement

le négoce. Mon père allégua la loi, si rigoureusement observée dans notre pays depuis un temps immémorial, loi qui veut que le troisième fils de chaque famille soit privé des biens qui pourraient lui revenir après la mort de ses parents, et lui exposa l'impossibilité où il se trouvait de frustrer mes deux frères de la fortune à laquelle ils avaient droit. — « Je sais tout cela, répondit le père de Gosvinde; mais que votre fils alors se conforme à la même loi qui l'autorise à hériter, s'il parvient à exécuter l'ordre que lui donnera le roi d'Aquitaine. » — « Hélas! répondit mon père, vous savez aussi bien que moi que les ordres donnés dans de pareilles circonstances sont d'une exécution si difficile que les pauvres jeunes gens qui ont tenté de s'y conformer n'ont presque jamais réussi. » — « C'est mon dernier mot, riposta le père de Gosvinde. Évaric n'aura ma fille que quand il aura acquis une fortune qui le mettra pour toujours à l'abri du besoin, et lui assurera un rang distingué dans notre cité. »

Mon père me rapporta cette réponse, qui me mit le désespoir dans l'âme. Je ne savais quel parti prendre.

Par bonheur, Gosvinde me jura qu'elle consentirait volontiers à attendre mon retour, si je voulais chercher fortune. Je ne vis donc rien de mieux à faire que de me conformer à la loi et d'aller courir les aventures, afin d'avoir le droit d'hériter, par parts égales, avec mes deux frères. En conséquence, je me présentai à l'audience du roi, je lui fis connaître ma résolution, et sollicitai humblement ses ordres. — « Si tu veux avoir droit à l'héritage de ta famille, me dit-il, va par le monde et ne reviens que quand tu pourras m'apporter *trois glands d'or.* » — Après que j'eus reçu cet ordre, ma mère me donna un peu d'argent,

et je m'embarquai. En conversant, sur le navire, avec quelques voyageurs qui se racontaient les uns aux autres leurs aventures, je ne leur fis pas mystère de mes projets, et ne manquai pas de traiter de visionnaire le roi, qui m'avait fait l'étrange commandement que je cherchais à exécuter à tout hasard. — « Votre roi n'est pas aussi visionnaire que vous pensez, dit un homme de la compagnie; sachez que les glands d'or croissent dans l'Armorique sur un chêne bleu. Mon aïeul, qui avait des relations commerciales très-suivies avec ce pays, m'en a entretenu plusieurs fois agréablement. » — Surpris d'une découverte si peu attendue, je voulus connaître quelles difficultés j'aurais à surmonter; mais le voyageur m'assura qu'il ne savait, au sujet du chêne merveilleux, rien autre chose que ce qu'il venait de m'en dire. Je n'avais donc pas de meilleur parti à prendre que de me rendre dans l'Armo-

rique. Le navire qui me portait faisait justement le trafic dans les ports de l'Armorique et de la Neustrie. Quand nous fûmes arrivés dans l'importante cité des Vénètes, je débarquai et m'empressai d'aller aux informations auprès des personnes auxquelles je m'étais fait adresser par mes compagnons de voyage. On m'assura que le chêne bleu existait, en effet, dans le pays; mais qu'on ne savait pas en quel endroit. — « Alors, leur disais-je, de qui donc avez-vous appris qu'il y fût. » — A cela, on me répondait : — « Nous l'avons appris de nos ancêtres, gens de bien, qui n'avaient nul intérêt à nous tromper. »

Il fallut bien me confier encore au hasard. J'achetai un cheval, je pris des vivres et je me mis en route pour parcourir le royaume, qui n'est pas très-grand. J'en avais déjà inutilement visité les deux tiers, lors-

qu'un soir je m'arrêtai, épuisé de fatigue, dans un vallon où je m'endormis. Durant mon sommeil, je vis une dame habillée à la mode du pays, qui me demanda avec beaucoup de douceur ce que je cherchais. — « Le chêne bleu, lui dis-je. Si je savais où il est, mon bonheur serait peut-être assuré. Veuillez, je vous en sup-

plie, me venir en aide. » — « Puisque vous avez recours à moi, reprit-elle, ce sera votre faute si la fortune ne vous sourit pas. Au sortir de ce vallon, vous trouverez une belle fontaine donnant naissance à un ruisseau qui va se perdre dans un fleuve. Vous apercevrez au fond de cette fontaine un petit caillou vert que vous aurez soin de prendre, après quoi vous

suivrez le ruisseau à travers la célèbre forêt de Bréchéliant, jusqu'à un point où il se bifurque en deux branches pour former une île ou plutôt un jardin. C'est au milieu de ce jardin que se trouve le chêne bleu. Pour y arriver, il vous faudra franchir un fort beau pont de marbre défendu par vingt-sept léopards, qui ne permettent à personne de passer. Avant qu'ils ne puissent vous voir, mettez le caillou vert dans votre

bouche, et, laissant paître votre cheval le long du fleuve.

allez droit au pont et passez hardiment, le caillou vous rendra invisible. Quand vous serez près du chêne, cueillez trois glands et emportez-les sans toucher aux autres glands. Gardez-vous bien surtout d'en manger. »

— La dame disparut, et, dès que je fus éveillé, je suivis la route qu'elle m'avait indiquée. La fontaine, le caillou, le ruisseau, le pont et les léopards se présentèrent

successivement à moi. En entrant dans le jardin, je fus enivré par l'odeur qu'exhalaient les fleurs et les fruits dont tous les arbres étaient chargés; mais ni ces fruits ni ces arbres n'avaient rien de comparable au chêne bleu et à ses glands d'or. Son tronc semblait être du plus précieux lapis-lazuli à grandes veines d'or, et ses larges feuilles avaient l'éclat des saphirs les plus fins. Que vous dirai-je de ces fruits? On ne peut rien imaginer de si tentant. En les voyant, je fus enflammé d'un si vif désir d'en manger, que je crois encore à présent que je serais mort sur place, si je ne m'étais satisfait. Je tirai donc de ma bouche le caillou vert, j'étendis la main et je commençai à cueillir et à manger de ces fruits merveilleux. J'étais enchanté de leur goût. Mais que le plaisir fut court! Les léopards,

dès qu'ils me virent, fondirent sur moi et me renversèrent. J'allais être mis en pièces et dévoré, sans l'arrivée soudaine de la dame qui m'était apparue en songe. A sa vue, les léopards s'adoucirent et vinrent en rampant se coucher auprès d'elle. Je me relevai sur les genoux et me prosternai à ses pieds pour implorer sa protection et l'assurer de ma reconnaissance.

— « Vous avez manqué votre coup, dit-elle. Apprenez désormais à obéir et à tenir compte des conseils. Je ne puis plus rien pour vous. Adieu! » — Elle me prit alors par la main, et, m'ayant conduit au delà du pont, elle m'ordonna de m'éloigner au plus vite et de rejeter, en passant, le caillou vert dans la fontaine. Pour cette fois, je fis exactement ce qui m'était commandé. Je regagnai ensuite les rivages de la mer; je m'embarquai et, après une longue navigation, je revins, honteux et confus, dans ma ville natale, où je fus accueilli avec joie par mes parents. Il n'en fut pas de même du père de Gosvinde, qui ne voulut entendre à aucun arrangement ni faire aucune concession. J'eus donc encore recours au roi, qui me dit que je ne réussirais à réaliser mes projets de mariage que si j'obtenais le consentement de la belle Blanchefleur, fille de l'enchanteur Merlin. —

« Allez, me dit-il; tâchez de lui plaire et de lui inspirer de l'estime pour votre personne. Son palais est dans l'île de Groaix. »

En conséquence de ce nouveau commandement, je m'embarquai sur un navire qui retournait dans un des ports de la Neustrie, et qui me déposa, en passant, dans l'île de Groaix. De quelque côté qu'on aborde dans cette île, on découvre le palais de la fille de Merlin, qui est bâti sur une hauteur. Mais on ne peut se rendre à ce palais que par un escalier taillé dans le roc et partagé, par six portes, en six paliers égaux. Ayant frappé à la première porte, six druides se présentèrent à moi, et l'un d'eux, courbé sous le poids des ans, me demanda qui j'étais et où j'allais. Je lui fis connaître le but de ma visite. — « Si je pouvais compter sur ta sagesse, reprit-il, je te donnerais de bons avis. » — Je me  hâtai de dire : — « Soyez assuré que j'en profiterai à merveille. Donnez-les-moi seulement. » — Le druide secoua la tête. — « Passe, passe, dit-il, mon enfant; tu ne ferais rien de ce que je te dirais, car tu as une trop bonne opinion de toi-même. Au revoir! » — Et lui et ses compagnons me tournèrent le dos. Je montai lentement vers la seconde porte, en faisant la réflexion qu'effectivement je ne me défiais pas assez de moi-même. Cinq eubages se mirent devant moi, et l'un d'eux me dit : — « Qui es-tu? où vas-tu? que veux-tu faire! » — « Je suis, répondis-je, un pauvre jeune homme obligé, par toutes sortes de motifs, de tâcher de plaire à Blanchefleur. Je ne suis ni adroit, ni savant; mais je saurai bien préférer ses volontés aux

miennes. » — « Oh! la divine science! s'écrièrent les cinq eubages. Jeune homme, suis ton chemin. » — A

la troisième porte, quatre bardes m'arrêtèrent, et celui qui me paraissait être leur chef me dit : — « Tu viens, selon toutes les apparences, pour servir la fille de l'enchanteur. Combien de temps prétends-tu rester auprès d'elle? » — Je répondis que je resterais autant de temps qu'il m'en faudrait pour gagner ses bonnes grâces et mériter sa protection. — « Bonne réponse ! » — dirent les bardes en me faisant place. Je les saluai, et, content de moi, je gagnai la quatrième porte, où je rencontrai trois brenns. — « Est-ce par force ou par affection que tu viens servir Blanchefleur ? Si elle te demande des choses impossibles, obéiras-tu ? » — « Votre maîtresse  est trop juste, répondis-je, pour imposer des conditions inexécutables. » — « Monte, répliquèrent les brenns. » — La cinquième porte me fut ouverte par deux prophétesses. Voici quelle fut leur question : — « Si tu étais le maître de choisir, qu'aimerais-tu le mieux, ou demeurer ici avec Blanchefleur, ou qu'elle allât demeurer avec toi ? »  — « Si j'étais maître de choisir, leur dis-je, je m'en rapporterais à Blanchefleur. » — « Fort bien ! dirent les prophétesses, continue ta route. » — Une fée des plus aimables se trouva à la sixième porte. — « Si ma maîtresse vous juge indigne de ses bontés, me dit-elle, que ferez-vous? » — « Je la supplierai, répondis-je, de m'en rendre digne, et je la défierai de m'empêcher d'être reconnaissant. » — « Si, à son tour, elle vous veut du bien, répliqua la fée, contentez-vous de ce qu'elle vous accordera, et ne désirez rien de plus. »

Après cet avis, elle m'introduisit dans l'appartement de la divine Blanchefleur, à qui je fis hommage en baisant le bord de l'estrade qui portait son trône. — « Lève-toi, me dit-elle, je te ferai réussir dans tes projets, si tu as le bon goût de modérer tes désirs et le courage de commander à tes passions. » — Pendant deux mois, je m'étudiai à agir en toute occasion avec la plus grande réserve, et je commençais à concevoir l'espérance d'avoir réussi dans mon expédition, lorsqu'un jour la reine me dit : — « Je suis content de toi, et je t'autorise à regagner ta patrie. Tu vas partir; mais auparavant suis-moi. » — Elle me fit alors entrer dans une vaste pièce. C'était son trésor. J'y vis avec étonnement six tables d'or, sur chacune desquelles il y avait un grand vase en turquoise rempli de richesses inestimables. Le premier vase était plein de topazes, le second d'émeraudes, le troisième de saphirs, le quatrième de rubis, le cinquième de perles et de diamants. Le dernier vase, qui était plus grand que les autres, renfermait toute sorte de bijoux si délicatement travaillés que l'art surpassait la matière. — « Prenez, me dit Blanchefleur, prenez dans ce vase une seule bague à votre choix ; elle constatera le consentement que je donne à vos projets de mariage. » — Je pris donc une bague, je la considérai et je vis avec étonnement qu'au lieu d'un diamant, c'était mon portrait qui y était enchâssé. Le malheur voulut que je jetasse encore les yeux sur le vase aux bi-

joux, et que j'aperçusse une autre bague, sur le chaton de laquelle je reconnus le portrait de ma chère Gosvinde. A cette vue, mon cœur tressaillit, je perdis la tête et demandai la seconde bague. Blanchefleur changea tout à coup de visage, et, avec une contenance fière et dédaigneuse, me dit : — « Je te croyais sage, et tu es aussi faible que la plupart des hommes.

Tu n'as pas sitôt atteint le but de tes désirs, que d'autres désirs suscitent dans ton cœur de nouvelles convoitises. Tu n'auras ni l'une ni l'autre bague. Fuis au plus vite, et que je n'entende plus parler d'un homme qui ne sait ni obéir ni se modérer. » — La fille de Merlin sortit. Cinquante magiciennes, furieuses comme des lionnes, entrèrent, se saisirent de moi, et me traînèrent jusqu'à la première porte de l'escalier taillé dans le roc. Cette porte et les autres, jusqu'au bas de l'escalier, étaient ouvertes. La fée me prit par les épaules, en riant aux éclats, et me précipita vers la seconde porte. Là, les deux prophétesses me saisirent chacune par un bras et me lancèrent avec force aux brenns; ceux-ci me poussèrent avec impétuosité vers les bardes; les bardes m'envoyèrent avec plus de raideur encore aux eubages, et les eubages me firent franchir si rapidement l'espace qui les séparait des druides, que je ne sais pas si je touchai à terre. Je tombai sans haleine et à moitié mort au milieu des druides, 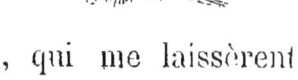 qui me laissèrent respirer un peu de temps, tout en se moquant de moi et en faisant retentir l'île de leurs huées.

— « J'avais bien prévu, me dit le vieux druide, que vous n'auriez pas grand succès. Malheur à celui qui est esclave de ses passions. Allez vous asseoir sur ce rocher en attendant que quelque vaisseau passe. » — J'y allai et j'y demeurai plus de trois semaines, pendant lesquelles le druide m'apporta tous les jours un peu d'orge et quelques herbes  amères. Mes cris et mes signaux arrêtèrent le premier navire qui parut à ma portée. On m'envoya une chaloupe, je m'embarquai, et, après une assez heu-

reuse navigation, je revins dans la ville où résidait ma famille.

Il est inutile de vous dire quelle triste figure je fis auprès de mes parents et de mes amis. Par bonheur, Gosvinde était fidèle et m'engagea à tenter une troisième aventure. Pour cette fois, le roi me dit : — « Va prendre le loup Fenris dans la montagne d'Akrefell, en Islande, et tu me l'amèneras; à moins que tu ne préfères m'apporter la diadème de rubis et d'émeraudes qui forme la coiffure de la reine Énit. » — Je retournai, fort découragé à la maison paternelle. Ma tristesse attendrit jusqu'à mes frères; ils consentirent à ce que mon père me donnât une grosse somme d'argent, bien persuadés qu'ils étaient qu'on n'entendrait plus jamais parler de moi.

Je m'embarquai sur un navire qui portait des marchandises en Scandinavie. Après une rude navigation, pendant laquelle notre bâtiment, battu par d'effroyables tempêtes, faillit cinq ou six fois être englouti

dans les profondeurs de la mer, nous entrâmes dans le port de Mandal. Je me trouvais déjà loin, bien loin de ma patrie, et cependant quels longs voyages je devais encore faire avant d'arriver à l'Akrefell! Il me fallut m'embarquer de nouveau afin de me rendre à Reikiewik, grande ville de l'île d'Islande. Cette seconde traversée ne présenta aucune circonstance digne d'être notée. J'arrivai heureusement à Reikiewik. Dès que je fus sur la terre ferme, j'achetai un esclave, deux bons chevaux, un pour lui, l'autre pour moi, et une mule que je chargeai de provisions. Je m'armai; j'armai aussi mon esclave, à qui je promis la liberté et des présents au retour de notre voyage, puis nous prîmes ensemble le chemin de la montagne d'Akrefell,

en marchant à petites journées, nous traitant fort bien d'ailleurs, et nous informant du loup Fenris dans tous les lieux habités où nous nous arrêtions. Nous voyageâmes ainsi deux grandes semaines sans rien apprendre de positif sur la partie de la montagne où le loup se tenait le plus habituellement. Un matin, en traversant un bois touffu, nous entendîmes sur notre droite des cris émouvants et des voix qui semblaient implorer du secours. — « Frère, dis-je à mon esclave, détourne notre mule de la vue des passants, et allons voir ce que signifient ces cris. S'il y a des gens dans le malheur, venons-leur en aide. Le péril où ils sont tombés aujourd'hui nous menace peut-être pour demain. » — Nous courûmes au bruit, et nous vîmes trois hommes adossés à un gros arbre, tenant tête à un ours énorme. Nous tirâmes deux flèches contre l'animal, qui, grièvement blessé, roula dans la poussière. Les trois hommes, voyant leur ennemi par  terre, vinrent à nous en courant. L'ours perdait beaucoup de sang, poussait des hurlements épouvantables, et faisait des bonds impuissants pour nous atteindre. Nous continuâmes à le cribler tous ensemble de nos  flèches, après quoi nous nous éloignâmes en hâte du théâtre du combat. Arrivés en lieu de sûreté, nos nouveaux compagnons nous embrassèrent, protestant qu'ils nous devaient la vie. Je leur offris un repas pendant lequel je leur fis connaître le but de mon voyage. — « Une bonne œuvre n'est jamais perdue, dit l'un des trois voyageurs. Nous pouvons vous instruire, mieux que personne, de ce que vous cherchez, puisque nous demeurons au pied de la montagne où vit le loup Fenris. » — « Loué soit Dieu! mes chers amis, m'écriai-je. Vous finissez mes peines. » — « Ne nous flattons encore de rien, reprit le voyageur; on ne vient pas toujours à bout de ce qu'on entreprend, quelque bien renseigné qu'on soit et quelque bonne volonté qu'on ait! Continuons notre marche, nous aurons le temps de parler de votre affaire quand nous serons sur les lieux. Si vous m'en croyez, laissons ici nos montures, qui nous deviendraient inutiles dans les âpres sentiers que nous

devrons suivre. » — Je fis cadeau de mes chevaux à mon esclave, je lui mis dans la main une bonne gratification, en l'engageant à prier Dieu pour moi.

Nous marchâmes six jours, mes nouveaux amis et moi, entre les plus affreux précipices, après quoi nous descendîmes dans une vallée bien arrosée et des plus verdoyantes. Il y avait dans cette vallée de grandes maisons bâties en forme de chalets. Une de ces maisons appartenait à celui des voyageurs qui me portait ordinairement la parole; il m'y fit entrer et m'y traita avec une magnificence rustique. Quand sa famille fut retirée, il me dit : — « Sur le sommet de la montagne à laquelle nous touchons, il y a un bois qui n'est composé que d'arbres odoriférants. C'est dans ce bois que se trouve le loup Fenris. Il est noir comme un charbon, et il a des ailes de même couleur. Pour s'en rendre maître, il ne s'agit que de se mettre à cheval sur son échine; mais sachez qu'il ne peut souffrir ni la moindre odeur nauséabonde, ni la moindre pesanteur superflue, ni la moindre crainte dans celui qui le monte. Les précautions à l'égard des deux premiers articles sont faciles à prendre; mais, pour le troisième, songez-y, car, si le loup vous sent timide, lorsque, comme un aigle, il vous enlèvera dans les nues, c'en est fait de votre vie; il vous précipitera du ciel sur terre. Si, au contraire, votre cœur est exempt de crainte, il vous conduira partout où vous voudrez aller. » — « Le courage ne me manquera pas, mon cher hôte, répondis-je; ne songeons qu'à nous remettre de nos fatigues. » — Deux jours après cette conversation, je le priai de me servir de guide. Il y consentit, et me conduisit, par les sentiers les plus abruptes, jusqu'à une belle fontaine, où nous nous arrêtâmes. Je m'y lavai depuis les pieds jusqu'à la tête; j'y lavai aussi ma tunique et mes autres vêtements. Là, mon hôte prit congé de moi, me disant qu'il ne pouvait aller plus loin, de peur d'encourir l'indignation du dieu Loke, père de Fenris. Il m'embrassa en me souhaitant toutes sortes de prospérités.

Je montai, non sans peine, jusqu'au bois odoriférant, où je trouvai le loup tel qu'on me l'avait dépeint. Il me laissa approcher de lui; il souffrit même

que je le caressasse, et je le caressai assez longtemps, afin de l'accoutumer un peu à ma personne. Enfin, je sautai dessus: dans l'instant il déploya ses grandes ailes et commença à fendre l'air avec une rapidité merveilleuse. En moins d'une heure, je me vis au-dessus de l'Océan. Je n'avais nulle peur. Je me flattais déjà que mon cœur ne pouvait en être susceptible, lorsque je vis accourir devant moi, au milieu des nues, un géant armé d'un javelot de feu qu'il brandissait pour me percer. Quoique sa peau fût très-blanche, sa barbe et ses cheveux étaient d'un noir de jais. Ses yeux étincelaient comme deux comètes, et le regard en était horriblement effrayant. C'était le dieu Loke lui-même. Je l'avoue, la vue d'un pareil fantôme fondant sur moi me troubla, et je fus saisi de frayeur. Peut-être mon cœur se serait-il rassuré; mais c'est ce que le loup n'attendit pas. Il se dressa en l'air en secouant son échine avec tant de violence et de soubresauts, que je fus forcé de lâcher prise. Je tombai dans la mer, pendant que le loup regagnait à tire-d'ailes la montagne d'Akrefell. J'eus assez de bonheur pour ne pas être suffoqué en tombant. Je revins au-dessus de l'eau, ainsi qu'il arrive ordinairement, et, comme je suis assez bon nageur, je me maintins sur les flots assez longtemps pour que des pêcheurs, qui n'étaient pas loin et qui avaient entendu mes cris, pussent venir à mon secours et me recueillir dans leur barque. J'appris d'eux que je n'étais qu'à une petite distance de la ville d'Irwin, sur le golfe de la Clyde ; je résolus de m'y rendre et

de m'y reposer quelque temps de mes fatigues. Quand je quittai les pêcheurs : ils m'engagèrent à aller voir le chef de leur corporation. — « C'est un vieillard, me dirent-ils, qui aime à exercer l'hospitalité. Il a beaucoup voyagé sur mer et sur terre, et a beaucoup vu. Personne n'a plus d'expérience que lui, plus de sagesse, plus de prudence. Si vous avez des ennuis et des embarras, peut-être ses conseils ne vous seront-ils pas inutiles. Il habite dans un des faubourgs de la ville. Le premier passant venu vous indiquera sa demeure. » — Je remerciai les pêcheurs, et, après leur avoir distribué une petite gratification, je pris le chemin de la ville d'Irwin.

Il me fut facile de trouver la maison du vieillard. Ce brave homme m'accueillit avec bonté. Je lui racontai mes malheurs, et il parut m'écouter avec une vive sollicitude. — « Je ne puis, lui dis-je, retourner, sans mourir de honte, dans ma ville natale. Comment oser raconter ma dernière mésaventure à Gosvinde? De quels sarcasmes mes frères n'accueilleront-ils pas mon retour? Il ne me reste qu'à tenter une dernière fois la fortune, suivant l'ordre du roi, et à faire mes efforts pour m'emparer du diadème de rubis et d'émeraudes de la reine Énit! Mais, qui est cette reine? Dans quelle partie du monde est situé son royaume? Quels monstres me faudra-t-il vaincre? Quels enchantements devrai-je conjurer? » — « Je puis sur ce point vous renseigner très-exactement, repartit le vieillard. La reine Énit, depuis la mort de son père, gouverne un petit État très-florissant dans l'île d'Hibernie. Quand elle a été en âge de se marier, elle a choisi, parmi les nombreux prétendants qui aspiraient à la possession de sa main, le fils d'un des rois ses voisins. Au moment de la cérémonie du mariage, alors que tout le peuple assemblé faisait retentir les airs de ses cris de joie et de ses acclamations, on vit tout à coup fondre du haut du ciel sur la place publique, devant le palais, un éléphant blanc, aux ailes de feu, et portant sur son dos une haute tour d'argent, d'où descendit une vieille femme, qui, la colère peinte sur le visage, s'avança vers la reine, et lui dit : — « Eh quoi! vous voulez vous marier, et vous ne songez pas à prévenir et à inviter une ancienne amie de votre famille, une fée, qui vous a vue naître, qui vous a douée! Cette négligence et cette ingratitude vous coûteront cher, ma belle! Sachez que vous devrez porter jour et nuit le diadème de rubis et d'émeraudes qui orne votre tête, et que vous ne vous marierez que quand un étranger sera assez avisé pour vous l'enlever, la nuit, pendant votre sommeil. Voilà qui est dit. Que chacun s'en retourne chez soi. De plus, j'entends que vous ne gardiez aucun de vos serviteurs, aucun de vos esclaves. Je vais vous fournir des gens qui vous serviront à merveille, mais qui, en même temps, exécuteront strictement les ordres que j'ai à leur donner! »

— Que faire et que dire en présence d'une fée en colère? Courber la tête et obéir. C'est le parti qu'on prit. Chacun rentra dans son domicile, fort désappointé et l'oreille basse. Il y a de cela deux ans. Depuis cette époque, bien des étrangers ont tenté l'épreuve imposée par la fée; mais aucun n'a réussi. Tous se sont endormis, malgré eux, la nuit, et ont été honteusement expulsés à l'heure du réveil. Vous pensez bien que les étrangers, de quelque âge et de quelque condition qu'ils soient, sont toujours accueillis avec faveur par la reine, laquelle est fort impatiente de se voir enlever le diadème, qui lui rappelle à toute heure son bonheur perdu. » — Quand le vieillard eut achevé son récit, je lui dis : — « Il ne s'agit, dans toute cette affaire, que de pouvoir résister au sommeil depuis le coucher jusqu'au lever du soleil. Je me sens de force à tenter cette nouvelle aventure. Je cours au port chercher un navire qui soit en partance pour l'île d'Hibernie; mais, comme il faut être prévoyant, je vous prierai de recevoir en dépôt la majeure partie de l'argent que je possède. Je viendrai vous le réclamer à mon retour. Je ne garde par devers moi que la somme nécessaire pour mon voyage. » — Cela dit et fait, et sans demander de plus amples explications, je pris congé du vieux pêcheur.

Après avoir attendu quelques jours dans la ville d'Irwin, je m'embarquai sur un navire qui devait me déposer dans le principal port du royaume de la reine Énit. Pendant les deux semaines que dura notre navigation, je m'exerçai à veiller la nuit et à dormir le jour. J'en pris si bien l'habitude, que je ne doutai pas de réussir cette fois-ci dans mon entreprise. Enfin nous arrivâmes au port. Je revêtis le plus riche costume de négociant que j'avais pu me procurer avant mon départ d'Irwin, je débarquai et me rendis à Autrim, capitale des États de la reine Énit. Mon arrivée, comme celle des étrangers qui m'avaient précédé, produisit une grande sensation dans la ville. On m'engagea à me rendre sans différer au palais, où l'on m'assura que je serais très-gracieusement reçu. En effet, quelques-uns des personnages les plus distingués de la cour vinrent au-devant de moi. La reine me fit le plus aimable accueil, me prit par la main, m'obligea à m'asseoir auprès d'elle, et me demanda si je me sentais réellement assez de courage pour tenter l'aventure où tant de gens hardis avaient échoué. Je lui répondis qu'elle pouvait compter sur moi ; que je me jouais à volonté de la veille comme du sommeil, et que, d'ailleurs, l'épreuve imposée par la fée ne me semblait pas aussi difficile qu'on voulait bien le dire. Ma réponse parut plaire infiniment à la reine, et elle m'invita à souper avec toute la cour. Le repas fut magnifique. Au sortir de table, nous allâmes dans la salle de bal, où j'excitai l'admiration générale en exécutant la danse nationale des Aquitains. Lorsque le temps de se retirer fut venu, on nous fit passer, la jeune reine et moi, dans un petit salon où l'on nous servit une collation de confitures et de liqueurs ex-

quises, après quoi deux esclaves conduisirent Énit dans une chambre à coucher, meublée d'un lit en forme de divan. En même temps, deux autres esclaves me firent entrer dans une chambre pareille et contiguë à celle de la reine. Ils m'enlevèrent mon manteau et me dirent de me coucher. — « Me coucher! m'écriai-je. Non, non. Je n'ai nulle envie de dormir, et je veux veiller. » — « En vérité! me dirent les esclaves; vous en parlez fort à votre aise. Et où serait la difficulté, où serait le mérite? Pardieu! pourquoi ne nous priez-vous pas de vous fustiger pour empêcher le sommeil de s'emparer de vous? Vous devez vous coucher, et le reste ensuite vous regarde. » — C'était l'ordre de la fée, et il fallut obéir. Je m'étendis donc sur le divan et je me mis à chanter pour me tenir éveillé; mais peu à peu, et malgré moi, je m'endor-

mis. Au lever du soleil, deux officiers en armes m'é-

veillèrent et me chassèrent
du palais à coups de bâ-
ton. La veille j'avais été
traité comme un prince,
le lendemain je fus traité
comme un larron. Je tra-
versai précipitamment la ville, je gagnai à marches
forcées le port voisin et m'embarquai, en qualité de
matelot, sur un navire qui devait relâcher dans les principales cités des côtes occidentales de la Calédonie.

Arrivé à Irwin, je me rendis chez le vieux pêcheur,
qui n'eut pas de peine, en me voyant venir dans le
plus triste équipage, à deviner ma mésaventure. Il me
fit raconter dans les plus petits détails et avec les
moindres circonstances comment s'était passée ma visite. Après avoir réfléchi quelque temps, il me dit :
— « Je crois que vous avez manqué de prudence en
mangeant des confitures et en buvant des liqueurs
qu'on vous a servies le soir chez la reine. » — Cette
observation me frappa l'esprit. Je ne doutai plus que
le sommeil qui s'était si brusquement emparé de mes
sens n'eût été provoqué par quelque narcotique que
m'avaient administré les deux esclaves. — « C'est

vrai, lui répondis-je, la joie que me donnait l'espérance du succès m'a fait oublier toute prudence. Me voilà averti. La leçon, je vous jure, me profitera. C'est pourquoi je suis décidé à courir les chances d'une seconde tentative. Si j'attrape encore des coups de bâton, je n'aurai que ce que je mérite.

Donnez-moi, je vous prie, la moitié de la somme que vous avez bien voulu recevoir en dépôt. » — Le vieillard approuva ma résolution, me donna ce que je lui demandais, et m'engagea à repartir sans perdre de temps.

Je n'ai rien à dire de ma seconde traversée pour gagner l'île d'Hibernie, si ce n'est qu'elle me parut d'une longueur extrême. Je mourais d'ennui et d'impatience. Enfin, je finis par atteindre le port, et bientôt après je me mis en route pour gagner la ville d'Autrim. A mon arrivée dans la capitale, je fus accueilli avec plus de bienveillance encore qu'à ma première visite, car aucun des étrangers qui y étaient venus n'avait eu le courage d'y retourner après avoir été chassé et battu. On soupa, on dansa au palais d'Énit, comme d'habitude. Des esclaves nous conduisirent encore, la reine et moi, dans le petit salon dont j'ai parlé et nous y servirent des confitures et des liqueurs. En homme expérimenté, je fis semblant de boire et de manger, et, quoi qu'on pût en penser, je fis disparaître avec une dextérité merveilleuse les mets et les boissons qu'on m'offrit. Après la collation, on nous coucha chacun dans notre chambre. Tout en appuyant la tête sur le coussin du divan, je me voyais déjà à la fin de mes peines, je songeais à la gloire que j'allais acquérir, aux richesses dont j'allais être comblé, au bonheur de revoir prochainement la fidèle Gosvinde.

Mais à peine étais-je couché qu'un sommeil irrésistible s'empara encore de moi. Au matin, je fus de nouveau chassé comme un intrus et battu comme un malfaiteur. Je vous laisse à penser si je versai des larmes et si je tombai dans un profond désespoir. Non-seulement je voyais s'évanouir tous mes beaux projets, mais j'éprouvais une telle honte que je me demandais si je ne ferais pas mieux d'en finir avec la vie. Enfin, tout bien examiné, je pensai qu'on a toujours le temps de faire une sottise sans remède, et que le mieux pour le moment était de retourner à Irwin. Pendant mon voyage et mon séjour dans la maison du vieux pêcheur, j'aurais le temps de réfléchir à tête reposée et de m'arrêter à une résolution raisonnable.

Je repris donc la mer, bien triste, bien désolé et surtout plein de confusion. Quand j'arrivai à Irwin, chez le vieillard, qui, d'ailleurs, me reçut avec sa bonté accoutumée, j'étais dans un si misérable équipage qu'il n'eut pas besoin de beaucoup de sagacité pour constater mon insuccès. Après que je lui eus raconté comment j'avais eu l'adresse de ne pas manger et de ne pas boire, il me dit : — « Tâchons de nous rendre bien compte de la façon dont les choses se passent dans le palais de la reine Énit. J'ai bien réfléchi, depuis votre départ, sur les paroles de la fée, et je suis certain qu'un homme, qui a en partage la force morale, la prudence, la sagacité, doit parvenir à rompre le charme qu'elle a conçu et qui, dans sa pensée, doit avoir un jour un terme. Les fées n'imposent jamais de condition qu'il soit impossible de remplir. Je vois qu'on a l'habitude de servir des confitures et des liqueurs; et, à votre seconde visite, vous n'y avez pas touché. Ce n'est donc pas là que réside la difficulté. Je persiste à croire que le sommeil auquel vous avez succombé n'est pas naturel. S'abstenir de boire et de manger dans le palais est déjà une mesure sage; mais il est clair qu'elle est insuffisante. Vous devez vous méfier des mains qui vous ont ôté vos habits, car elles ont pu vous frotter adroitement de quelque drogue assoupissante. A votre place, je ne permettrais à personne de me toucher; je me méfierais même de l'air que je respirerais dans la chambre où l'on vous conduit coucher, et je n'y entrerais pas avant que les fenêtres n'en eussent été laissées un instant toutes grandes ouvertes. Je ne vois pas d'autres précautions à prendre. » — Le discours du pêcheur ranima mes espérances, et je lui déclarai que j'allais tenter une troisième épreuve, attendu que, si e ne réussissais pas, il était impossible que je revinsse d'Autrim plus malheureux que je l'étais actuellement. Il loua ma persévérance et me conduisit à la ville, où j'arrêtai mon passage sur un navire qui devait, sous quelques jours, mettre à la voile et me conduire à ma destination.

Craignant de ne pas recevoir un bon accueil au palais d'Énit, et redoutant par-dessus tout les moqueries des gens d'Autrim, si je me présentais pour la troisième fois dans mon costume national, je résolus de

me rendre méconnaissable. En conséquence, je laissai pousser mes cheveux, ma barbe et mes moustaches, et je revêtis l'habillement des guerriers calédoniens. Ma traversée ne fut marquée par aucun événement digne d'être noté. En approchant des côtes d'Hibernie, nous essuyâmes une furieuse tempête, qui menaça de jeter notre navire à la côte. Pour la plupart des Aquitains, le danger que nous courûmes aurait été considéré comme un mauvais présage: mais j'avais déjà une trop grande expérience de la vie, pour que je tinsse compte d'un accident de cette nature. En effet, nous finîmes par arriver sans avarie à notre port de relâche. Je me rendis à Autrim, où je fus reçu avec toutes les démonstrations bienveillantes avec lesquelles les étrangers étaient ordinairement accueillis. Je me présentai au palais, où personne ne me reconnut sous mon nouveau costume, et j'offris à la reine deux caisses de fruits dont je m'étais muni avant de quitter Irwin. Énit me témoigna qu'elle me savait gré de ce modeste présent, et m'invita au festin qui allait être servi. Je la priai de m'excuser si je n'acceptais pas son invitation, attendu que j'avais fait vœu de ne manger avec aucun étranger, et j'allai me promener dans les jardins au milieu desquels s'élevait ce palais. Quand le moment fut venu, les esclaves, mes anciennes connaissances, vinrent me chercher et me conduisirent dans le petit salon, où je trouvai la reine

qui m'attendait. On servit la collation, je n'y touchai pas, tout en m'excusant de mon mieux, alléguant encore le vœu que j'avais fait de ne manger en compagnie de qui que ce soit, fût-ce un roi ou une reine. Mes excuses ne furent pas trop mal prises. Quand on me conduisit dans la chambre du divan, où j'avais passé deux si malheureuses nuits, je déclarai aux esclaves que je n'y entrerais pas avant qu'ils n'eussent ouvert en plein les deux fenêtres, attendu que je ne pouvais dormir qu'au grand air. L'ordre que je leur donnai parut les embarrasser fort. Ils hésitèrent, se consultèrent et finirent par obéir. Ils voulurent m'aider à me déshabiller, mais j'exigeai d'eux qu'ils se tinssent à distance et qu'ils ne me touchassent en aucune façon. Je me couchai donc, et les esclaves, qui dissimulaient mal leur désappointement et leur dépit, finirent par me laisser seul.

Je m'étais étendu sur le divan, tremblant comme si déjà l'inévitable sommeil s'appesantissait sur mes paupières. Mais, loin de là, je me sentais dispos et alerte; je restais éveillé et je sentais que je ferais de vains efforts pour dormir. J'étais ému au delà de toute expression, en voyant s'approcher le dénoûment que j'avais si ardemment désiré. Quand tous les bruits eurent cessé dans le palais, je me rendis chez la reine, dont la chambre était éclairée par une lampe suspendue à la voûte. La princesse dormait, à demi habillée, sur son divan. Je m'approchai doucement et lui enlevai sans peine le diadème de rubis et d'émeraudes. Elle s'éveilla en sursaut, jeta un cri de joie, me témoigna sa reconnaissance par les paroles les plus touchantes, et appela ses esclaves. Bientôt les habitants du palais furent sur pied. Tout le monde me choyait, me fêtait, me considérait avec admiration. — « Qu'on sonne, dit Énit, la grande trompe des soixante, muette depuis si longtemps! » — Cette trompe était l'instrument de musique le plus colossal qu'il y eût dans toute l'île. Elle avait plus de cinquante pieds de long, était munie de soixante tuyaux, et son pavillon était si large qu'un homme debout pou-

vait y entrer; pour en jouer, soixante musiciens embouchaient tous à la fois un des tuyaux et y soufflaient à qui mieux mieux, et chacun de ces tuyaux portait son souffle dans le corps du gigantesque appareil. J'avoue que les sons, étrangement épouvantables, qui en sortirent, me firent éprouver plus de frayeur que de plaisir.

Aux sons retentissants de la trompe, toute la ville

se réveilla. Bientôt une nombreuse population, armée de torches, s'assembla devant la place du palais, où fut publiée l'heureuse nouvelle que l'enchantement de la reine était fini, grâce à la sagacité et à l'adresse d'Évaric, le noble Aquitain. Le reste de la nuit se passa en fête au palais aussi bien que dans la ville.

Au point du jour, on vit apparaître dans les airs le grand éléphant blanc de la vieille fée. Tout le monde fut plein d'anxiété au sujet de ce qui allait arriver. Quand l'éléphant eut pris pied devant le palais, on vit descendre de la tour d'argent non-seulement la fée, mais encore le fiancé d'Énit. La fée prit le prince par la main, monta l'escalier du palais, et le conduisit en présence de la reine, à laquelle elle dit : — « Ma fille, voici votre époux que je vous ramène. Que les noces se célèbrent aujourd'hui même. Le temps des épreuves est passé. Vous devez remercier d'autant plus Évaric qu'il a eu le courage, malgré les mauvais traitements, de tenter votre délivrance à trois reprises différentes. Il a fait preuve d'une grande volonté, d'une présence d'esprit et d'une perspicacité merveilleuses pour échapper aux piéges que j'avais tendus à l'imprévoyance humaine. Nul étranger avant lui n'avait songé à se soustraire aux vapeurs soporifiques que mes esclaves répandaient chaque soir dans la chambre où il devait coucher. Je lui donne le diadème de rubis et d'émeraudes, diadème dont la possession lui assurera une longue existence, une fortune princière et un bonheur inaltérable. Vous-même, ne le laissez pas quitter vos États avant de l'avoir comblé des plus riches présents. » — Vous pouvez juger si ce discours me rendit fier et heureux. On me considéra de plus près, on m'examina avec attention, et l'on finit par reconnaître, sous mon travestissement, le négociant aquitain qui avait été deux fois reçu au palais, deux fois battu et chassé. La reine ordonna que l'on me conduisît dans son appartement le plus magnifique, et là on me vêtit d'habits si étincelants d'or et de diamants, qu'on aurait pu me prendre pour un monarque des Grandes-Indes.

Pendant ce temps, on faisait les préparatifs de la cérémonie du mariage, et on convoquait dans la salle du trône tous les grands officiers du royaume, les gouverneurs des provinces les plus voisines, les magistrats, les prêtres et les chefs du peuple. Le mariage fut célébré avec une pompe imposante, au milieu des explosions de la joie universelle. Après la cérémonie, la vieille fée fit aux nouveaux époux les cadeaux les plus riches, leur promit sa protection, et repartit sur son éléphant blanc. La reine fit de grandes largesses au peuple et distribua d'abondantes au-

mônes, ce qui lui attira de toutes parts une foule de bénédictions. Pour moi, je fus si fêté, si admiré que jamais héros n'eut un plus beau triomphe. L'heureuse Énit me fit mille instances pour me décider à établir ma résidence dans son royaume ; je sus y résister. Quand elle fut bien convaincue que je voulais à tout prix regagner mon pays, non-seulement elle me fit présent d'un navire tout gréé, tout équipé et chargé de bois de construction, de mines de plomb, d'argent et d'or, de toiles de chanvre et de lin; mais elle me donna encore en or et en diamants des richesses à rendre jaloux de mon opulence les plus puissants rois de la terre.

La cour et le peuple, musique en tête et bannières déployées, voulurent m'accompagner jusqu'au port où je devais m'embarquer. Jamais conquérant, après les plus éclatantes victoires, ne rentra dans ses États au milieu d'un plus magnifique cortége. Mon cœur débordait de joie et de bonheur.

Enfin je pus mettre à la voile. Quand je levai l'ancre, cent mille hourrahs d'adieu partirent à la fois du rivage. Malgré l'impatience extrême que j'avais d'arriver au plus vite à Léa, je résolus de me détourner de ma route et de relâcher à Irwin. La reconnaissance me faisait un devoir de visiter le vieux pêcheur, aux conseils de qui je devais tout mon succès. Quand il me vit paraître dans le plus brillant costume et le visage rayonnant de satisfaction, il comprit que j'avais enfin réussi à conquérir le fameux diadème.

Il est superflu de dire que notre entrevue fut des plus affectueuses, et que je ne le quittai pas sans lui faire des présents dont la valeur lui permettait d'établir sa famille dans une grande aisance. Je sortis du port d'Irwin avec l'intention de me rendre directement à Léa. Le voyage le long des côtes de l'Océan est long et difficile. Malgré le vent favorable, mon navire était loin de marcher au gré de mes désirs. J'aurais voulu alors avoir à ma disposition, pour me transporter à travers le ciel, ou le loup Fenris ou l'éléphant blanc de la vieille fée. Quand je vis mon navire naviguer à pleines voiles dans le golfe de Gascogne, il me sembla que déjà je respirais l'air de la patrie, et mon cœur battait avec violence dans ma poitrine. Quelle joie et quel triomphe pour moi de revenir dans ma ville natale, après tant de mécomptes, de fatigues et de souffrances, d'y revenir non-seulement après avoir exécuté un des ordres du roi, mais encore avec des richesses qui allaient faire de moi le personnage le plus important de toute l'Aquitaine! Avec quels transports n'offrirais-je pas à la belle Gosvinde le diadème de rubis et d'émeraudes que j'avais eu tant de peine à conquérir! Quand je fus en vue de Léa, toute la population accourut sur le rivage, curieuse de savoir quel était ce navire aux formes inconnues qui cependant portait le pavillon spécial à notre port. Je débarquai; mais, tout d'abord, personne ne reconnut en moi le jeune Évaric, qu'on avait vu partir pauvre et dont on n'avait plus entendu parler depuis deux ans. Mon père me reçut à bras ouverts et en versant des larmes

de joie; mes frères, à qui j'eus soin d'annoncer que je renonçais à toute part dans l'héritage de nos parents, me firent un accueil des plus affectueux.

Quelque temps après mon retour, je me mariai avec

Gosvinde, qui, malgré des obsessions de tout genre, m'était restée fidèle et m'avait attendu avec confiance. Depuis, j'ai vécu heureux, considéré et respecté des petits et des grands du pays, parce que je ne négligeais aucune occasion de faire le bien. J'ai atteint, sans grave infirmité, l'âge de quatre-vingt-dix ans, et j'attends, sans effroi, l'heure où il plaira à Dieu de m'appeler à lui.

Là se terminait le récit du manuscrit. J'appris de mon hôte de Léa qu'il était de tradition dans sa famille qu'Évaric était mort plus que centenaire, laissant après lui la réputation du plus probe et du plus généreux des hommes.

Ce disant, le géant empoigna le prince.

BIRIBINKER

Dans une presqu'île ignorée de Strabon et de Malte-Brun, vivait jadis un roi dont les actions furent si peu mémorables que les historiens n'eurent rien à écrire sous son règne. On dirait même que les auteurs s'étaient entendus entre eux, — chose rare et merveilleuse, — pour rendre douteuse à la postérité l'existence de leur souverain; mais ils avaient compté sans les mémoires secrets, mémoires toujours dignes de foi, qui nous font connaître une foule de détails sur le caractère et la manière de vivre des rois de ce monde. C'est par ces mémoires secrets que nous savons qu'il s'appelait Florimond, et qu'il était réputé pour être le prince le meilleur, le plus clément et le plus juste de son siècle. Il n'avait, du reste, guère le temps de penser à mal, car il mangeait quatre longs repas par jour, et, après chaque repas, faisait un bon somme. Il aimait, d'ailleurs, si passionnément la paix et le repos, qu'il était défendu, sous les peines les plus rigoureuses, de prononcer devant lui les mots d'épée, de cuirasse, de javelot, de bélier et de catapulte. L'énorme circonférence de son ventre lui donnait un air si majestueux que tous les rois ses voisins n'avaient pas hésité à lui céder le pas. On n'a jamais pu savoir si le surnom de *Grand*, qu'il portait sur les monnaies frappées à son effigie, lui avait été donné pour faire allusion à l'ampleur de sa taille, ou pour quelque autre raison inconnue. Ce que je puis assurer, c'est qu'aucun de ses sujets ne paya ce surnom d'une seule goutte de sang.

Lorsqu'on crut qu'il était temps de marier Sa Majesté, — afin de perpétuer la possession de la couronne dans sa famille, — les membres de l'Académie des sciences et belles-lettres furent chargés de dépeindre la figure et de tracer le caractère de la princesse qui devait être choisie pour remplir les vœux et assurer le bonheur de la nation. Après un très-grand nombre de séances, dont plusieurs furent très-orageuses, attendu que chacun voulait faire prévaloir son opinion, Messieurs de l'Académie se décidèrent, contraints par les murmures du peuple, à dresser enfin le programme et à décrire le modèle demandés, après quoi, on put envoyer des ambassadeurs dans toutes les parties du monde. Le roi ne manqua pas, comme c'est l'usage, de leur donner ses instructions secrètes. Il leur déclara qu'il tenait particulièrement à ce que sa future épouse fût douée d'un solide appétit pour qu'elle pût lui tenir tête à table, et qu'elle eût des formes imposantes afin de figurer dignement à côté de lui. Après bien des recherches, on finit par trouver une princesse qui remplissait parfaitement toutes les conditions voulues. Son arrivée causa une joie inexprimable à tous les habitants de l'empire. Les noces royales furent célébrées avec tant de magnificence que vingt mille couples des sujets de Sa Majesté furent réduits à ajourner leur propre mariage, car, autrement, on n'aurait pu subvenir aux frais immenses qu'exigea la pompe des fêtes.

Quand la grossesse de la reine fut annoncée officiellement, le président de l'Académie, un homme fort habile dans l'exploitation de la sottise et de l'ignorance humaines, déclara que neuf mois ne se passe-

raient pas sans que sa très-gracieuse souveraine accouchât, et assura qu'il ne serait nullement surpris qu'elle accouchât d'un prince. Une telle prédiction, faite par le plus savant homme qui fût au monde, causa une satisfaction universelle; mais, quand ses étonnantes prédictions se réalisèrent, quand au bout de neuf mois la reine mit au jour le plus beau prince qu'on eût jamais vu, l'admiration populaire pour la science infaillible du président ne connut plus de bornes. Le roi Florimond, dans l'excès de sa joie et de son bonheur, le décora de son fameux ordre du Phénix et du Bœuf, et le nomma son premier ministre.  C'est ainsi que très-souvent on acquiert une grande fortune et qu'on arrive aux hautes positions. Il est bon de dire que notre président débitait ses lieux communs et ses niaiseries scientifiques d'un ton inspiré et emphatique, qu'il portait une longue barbe et des cheveux ruisselants, que sa parole était grave, sa physionomie sévère, et qu'il prenait les airs du plus désintéressé des mortels.

Dès que l'héritier présomptif de la couronne fut né, on assembla dix mille jeunes femmes, les plus fraîches et les plus vigoureuses qu'on put trouver, pour choisir parmi elles la nourrice qui devait avoir l'honneur —

et le bonheur — d'allaiter le prince. Chacune d'elles se flattait de parvenir à ce poste justement envié. Le président de l'Académie, après de mûres réflexions, publia un traité spécial sur la question de l'allaitement des enfants, et arriva à cette conclusion que toute nourrice qui n'avait pas la beauté en partage avait de mauvais lait. Le médecin de la reine n'approuvait pas cet avis; il avait l'impertinence de préférer une femme d'une santé florissante, et d'excellente humeur comme le sont tous les gens qui se portent bien. Le roi trouvait que ce médecin ne raisonnait pas mal; mais M. le président, je veux dire l'oracle, avait parlé, et il avait si bien réussi une première fois, qu'on jugea qu'il était très-sage d'exécuter ses ordres. Le docteur, tout en maugréant contre la sottise de la cour et l'impertinence du président, se mit à faire son choix. Il aurait bien pu chicaner M. le président sur la question de savoir ce qu'il entendait par beauté; mais, comme il comprenait qu'il finirait toujours par avoir tort vis-à-vis d'un homme si admiré et si protégé, il se résigna à ne pas soulever la moindre objection. Il faisait donc son choix, et, tout en le faisant, il ne savait guère, à la vérité, pourquoi il donnait la préférence à une nourrice plutôt qu'à l'autre. Il avait passé trois jours entiers à se livrer à son examen, qu'il n'était encore parvenu qu'à réduire au nombre de vingt-quatre les dix mille aspirantes. Cependant le cas était urgent. Son Altesse le jeune prince jeûnait, criait et pleurait, et le docteur discutait encore avec M. le président pour décider qui, d'une blonde ou d'une brune, ferait mieux l'affaire.  La discussion menaçait de s'éterniser, quand on vit entrer inopinément dans la salle du conseil une chèvre noire à longue barbe et des plus haut encornées, et une abeille d'une grosseur fabuleuse. Elles demandèrent l'une et l'autre à parler à la reine. On les introduisit auprès de Sa Majesté.  Alors l'abeille, ayant fait respectueusement quelques pas en avant avec la régularité et la cadence traditionnelles au Théâtre-Français de Paris, prononça le petit discours suivant :

« Grande reine, j'ai appris que vous cherchiez une nourrice pour votre fils, le plus beau de tous les princes. Si vous avez assez de confiance en moi pour me préférer à toutes ces femelles à deux pieds au

milieu desquelles votre médecin perd la tête, vous n'aurez pas lieu de vous en repentir. Je ne nourrirai votre fils que de miel et de fleurs d'oranger. Vous le verrez croître, embellir et acquérir un embonpoint qui vous enchantera. Avec moi, il apprendra à devenir laborieux, économe, sage, et il recevra les principes de l'administration la plus savante et la mieux entendue.....

— « Puissante reine, interrompit la chèvre en faisant une gambade en forme de salut, méfiez-vous de cette abeille, je vous donne ce conseil en amie. Il est vrai que, si vous tenez essentiellement à ce que votre fils devienne un doucereux, un délicat, un pointilleux, vous n'avez rien de mieux à faire que de le lui confier; mais le serpent est caché sous les fleurs, je vous en avertis. Elle lui donnera une éducation qui lui attirera des malheurs infinis. Je ne suis qu'une chèvre; mais je jure par ma barbe que mon lait sera plus salutaire à votre fils que le miel de cette grosse mouche, qui promet plus qu'elle ne peut tenir. Jupiter n'est devenu le dominateur de l'Olympe, le roi des dieux, que parce qu'il avait été allaité par la chèvre Amalthée. Pour moi, je suis bien certaine de valoir cette Amalthée, et je jure de faire de votre fils l'enfant le plus vigoureux qu'on ait vu et le plus grand prince qui ait jamais régné sur les hommes. »

Tous les spectateurs étaient étonnés d'entendre ainsi parler une abeille et une chèvre. La reine fut la première à s'apercevoir qu'elle avait affaire à deux fées, ce qui la rendit quelque temps incertaine sur le parti qu'elle devait prendre. Sa résolution toutefois fut bientôt prise. Comme elle était un peu avare, elle se décida en faveur de l'abeille. — « Si l'abeille tient sa parole, se disait-elle, le prince deviendra bon administrateur et, de plus, répandra tant de douceurs autour de lui qu'on pourra économiser tous les parfums qu'on brûle chaque jour dans notre palais. » — C'était là une bien pauvre raison; mais que de fois, dans le cours de la vie, ne prend-on pas les plus graves déterminations, sous les prétextes les plus futiles et les moins sérieux!

La chèvre, irritée de ce qu'on dédaignait ses services, proféra quelques mots dont on ne put comprendre ni le sens ni la portée, et aussitôt l'on vit paraître un char magnifique, traîné par huit phénix. La chèvre noire monta dans le char et se transforma en une petite vieille qui s'éleva dans les airs, en faisant à la reine et au jeune prince les menaces les plus inquiétantes.

Le président de l'Académie ne fut pas moins mécontent que la chèvre du choix qu'on avait fait, — sans le consulter, — d'une abeille, très-grosse à la vérité, mais enfin d'une abeille, pour nourrir le fils de Sa Majesté. Toutefois, en parfait courtisan qu'il était, il sut dissimuler sa mauvaise humeur, et fit même à la reine un très-beau compliment pour la louer de la décision qu'elle venait de prendre, décision qui était la marque certaine d'une sagacité et d'un bon goût extraordinaires.

Sa Majesté, le roi Florimond, qui était habituée, pour s'endormir agréablement, à se faire lire tous les soirs des contes, connaissait le caractère des fées et n'ignorait pas que leur inimitié est dangereuse. Il ne faut donc pas s'étonner si les menaces de la chèvre noire lui firent tant de peur qu'il assembla sur-le-champ un conseil d'État, pour délibérer sur le parti qu'on devait prendre dans une circonstance si critique.

Après que les plus fameux jurisconsultes du pays eurent été réunis, et que chacun eut proposé son avis, il se trouva que trente-six conseillers étaient de trente-six opinions différentes, et que chacune de ces opinions présentait trente-six difficultés. On tint donc plusieurs séances, dans lesquelles on disputa avec beaucoup de vivacité. Le jeune prince aurait infailliblement atteint l'âge de virilité avant qu'on fût tombé d'accord sur ce qu'on devait faire, si le bouffon de la cour, qui n'était pas si fou qu'il paraissait l'être, n'eût conseillé au roi d'envoyer tout simplement prendre l'avis du grand magicien Caramoussal, qui demeurait sur un des sommets de l'Atlas, où on allait le consulter, comme un oracle infaillible, de toutes les parties du monde. Comme ce bouffon passait pour le

personnage le plus amusant et le plus spirituel de la cour, il avait l'oreille du roi, de sorte que son conseil fut reçu sans opposition. Quelques jours après, on fit partir, pour le mont Atlas, un ambassadeur extraordinaire. Il était porteur d'un message écrit de la propre main du roi, et était chargé d'offrir au génie les présents les plus rares et les plus précieux.

A peine l'ambassadeur eut-il fait annoncer son arrivée qu'il fut admis, avec sa suite, à l'audience du grand Caramoussal, qui le reçut, assis sur un trône d'ébène. L'ambassadeur, après avoir relevé sa moustache, passé la main dans sa barbe et craché trois fois, ouvrait une large bouche pour réciter une magnifique harangue que son secrétaire avait composée, lorsque Caramoussal, qui se souciait peu des fleurs de rhétorique, qui ne faisait pas grand cas des compliments étudiés, et qui avait horreur du temps perdu, le prévint et lui dit : — « Monsieur l'ambassadeur, je vous dispense de votre harangue; je suis certain que c'est un chef-d'œuvre de bon goût et d'élégance; je ne doute même pas qu'elle ne soit écrite suivant toutes les règles de l'art oratoire; mais j'ai, moi-même, tant à parler, qu'il ne me reste pas un instant pour me procurer le plaisir de vous écouter et de vous admirer.

La lettre du roi me suffit. Je sais ce qui vous amène ici. Dites au roi votre maître qu'il s'est fait une puissante ennemie de la fée Caprosine; qu'on pourra cependant mettre le jeune prince à l'abri des malheurs dont elle l'a menacé, si on a soin d'empêcher qu'il ne voie aucune laitière avant qu'il ait atteint l'âge de vingt ans. Mais, comme on ne saurait prendre trop de précautions, et qu'il est presque impossible d'échapper à sa destinée, je suis d'avis qu'on donne au fils du roi le nom de Biribinker. Les vertus mystérieuses de ce nom le tireront heureusement de la plupart des dangers auxquels il est exposé, et détruiront divers enchantements. Du reste, j'ai mes vues sur lui et je le destine à opérer, sans qu'il s'en doute, des merveilles qui lui feront le plus grand honneur. Assurez votre maître que je veillerai sur son fils et que je lui viendrai en aide au besoin. » — Après avoir dit ces mots, Caramoussal congédia l'ambassadeur, qui, à son retour dans sa patrie, fut comblé d'honneurs, en récompense de l'adresse incomparable et de la sagacité rare qu'il était censé avoir déployées dans les négociations diplomatiques dont il avait été chargé.

Le roi seul parut très-mécontent d'abord de la réponse du grand Caramoussal. — « Par mon ventre! s'écria-t-il, je crois que le magicien du mont Atlas se moque de nous... Biribinker!... Quel diable de nom! A-t-on jamais ouï dire qu'un prince s'appelât Biribinker? L'ordre de ne pas laisser voir de laitière à mon fils avant qu'il ait atteint sa vingtième année ne me paraît guère plus raisonnable que le nom qu'on veut

BIRIBINKER.

lui faire porter. Où veut-on qu'un fils de roi voie des laitières? Et depuis quand la vue des laitières est-elle plus à redouter que celle des autres femmes? Cependant, toutes réflexions faites, ajouta-t-il en se ravisant, puisque le grand Caramoussal l'ordonne, que le prince s'appelle donc Biribinker! Il sera du moins le premier de ce nom, ce qui, je crois, sera suffisant déjà pour lui donner un certain relief dans l'histoire. Je prendrai, d'ailleurs, toutes les précautions nécessaires pour éviter les dangers dont il est menacé, et j'ordonne dès à présent qu'à cinquante lieues à la ronde de ma résidence il ne se trouve ni vache, ni chèvre, ni laitière. On pourra me taxer de faiblesse et peut-être même rire sous cape de ma détermination. — Qu'on y prenne garde! — Mais, du moins, je ne me serai pas, de gaieté de cœur, rendu responsable des malheurs qui peuvent atteindre, dans le cours de sa vie, l'héritier présomptif d'un grand royaume. »

Le roi, qui ne réfléchissait pas aux suites désagréables qui résulteraient, pour ses fidèles sujets, de l'exécution d'une pareille décision, était sur le point de faire publier son édit contre les laitières dans le *Bulletin des Lois* de son royaume, lorsque le conseil aulique lui représenta très-humblement qu'on ne pouvait, sans une violence odieuse, forcer les honnêtes habitants d'une grande partie de l'empire à prendre leur café sans

crème et à laisser mourir de faim les enfants qu'on élevait au biberon. Le premier bruit de ce projet avait déjà excité les murmures du peuple ; on commençait à crier hautement à l'injustice, à la tyrannie ; on donnait déjà à l'excellent Florimond les noms de Tibère et de Néron. De sorte que Florimond fut obligé, à l'exemple de beaucoup d'autres rois dont on lit l'histoire dans les contes de fées... et ailleurs, de céder aux manifestations populaires. En conséquence il décida qu'on éloignerait de sa résidence le prince héréditaire et approuva la reine de vouloir le confier aux soins et à la vigilance de l'abeille, laquelle serait suppliée de ne rien épargner pour le préserver des embûches que pourraient lui tendre et la fée Caprosine et toutes les laitières de l'univers.

L'abeille, qui n'était autre que la fée Melisotte, saisit Biribinker entre ses pattes et prit son vol. Le prince cria très-fort et se démena tant qu'il put dans ses langes, car on avait encore l'habitude barbare d'emmailloter, de momifier les petits enfants. Mais, ainsi que font la plupart des nourrices, l'abeille le  laissa crier, et finit par l'emporter dans une forêt qui avait au moins vingt lieues de circonférence. A son arrivée, la fée y construisit une grande ruche de marbre rouge, autour de laquelle elle planta de très-longues allées de myrtes et d'orangers. Elle appela auprès d'elle un essaim de cent mille abeilles dont elle était reine, et les chargea de faire du miel pour la nourriture de sa famille et pour celle du prince.

Enfin elle plaça autour de la forêt des postes de guêpes, éloignés l'un de l'autre de cent pas, avec ordre de veiller rigoureusement à la garde des frontières.

Le prince Biribinker, soigné, choyé, fêté, nourri et dirigé par l'abeille, grandissait à vue d'œil, et surpassait en beauté et en rares qualités les enfants les plus admirés. Dès qu'il commença à parler, il bégaya des sonates et des épigrammes, et son esprit devint peu à peu si mordant et si subtil qu'aucune abeille de la ruche n'était en état de disputer avec lui.

Lorsque ce jeune prince eut atteint l'âge de dix-neuf ans, certain instinct lui dit qu'il vivait en reclus,  qu'en dehors de la forêt de Melisotte, il y avait un monde au milieu duquel il était né; on lui avait décrit des villes, des jardins, des fleuves, des mers, et il désirait en admirer le spectacle; il sentait, enfin, qu'il n'était pas fait pour passer sa vie, cloîtré comme un ermite, dans une ruche d'abeilles; de sorte qu'il était devenu triste et inquiet. La fée Melisotte, comme une bonne mère, fit son possible pour l'égayer et pour le distraire de ses préoccupations. En conséquence, de très-habiles chats étaient obligés de lui miauler tous les soirs un concert italien, et de petits singes étaient dressés à lui jouer des comédies françaises. Il avait même un petit chien qui dansait parfaitement sur la corde. Enfin une douzaine de perroquets et autant de pies avaient ordre de lui réciter des contes et de le récréer par leurs saillies. Biribinker trouva bientôt tous ces amusements insipides, et dès lors ne songea plus qu'aux moyens de se procurer la liberté. Mais comment tromper la vigilance de ces fières sentinelles que Melisotte avait commises à la garde de ses frontières? Ces sentinelles n'étaient, à la vérité, que des guêpes, mais des guêpes qui auraient frappé de terreur l'âme d'un Hercule. Leur taille égalait celle d'un jeune éléphant, et leur aiguillon était aussi grand et plus dangereux qu'une hallebarde. Les réflexions que Biribinker fit à ce sujet calmaient un peu son humeur vagabonde, mais ne l'empêchaient cependant pas d'être au désespoir de ne trouver aucun moyen pour se tirer de captivité. Un jour qu'assis au pied d'un arbre, il méditait tristement sur le sort déplorable auquel était réduit un aussi grand prince que lui, un bourdon, presque aussi gros qu'un ours, s'approcha de sa personne et lui parla en ces termes :

« Prince Biribinker, votre tristesse m'annonce que ce séjour vous déplaît. Je vous proteste que je suis ici

mille fois plus malheureux que vous. Il y a quelques semaines, la fée Melisotte m'a chargé de la police de ses abeilles; mais ces créatures sont si légères, si vindicatives, quelquefois si indisciplinées, que je ne puis parvenir à maintenir la paix dans son royaume. Je perds à cette besogne ma bonne humeur et ma patience. La fée, malgré son nom, n'est pas toujours d'une extrême douceur quand elle pense qu'on ne lui obéit pas ponctuellement. En un mot, la position à laquelle elle m'a élevé me devient insupportable, et je voudrais bien m'en aller. Apprenez, mon prince, qu'il ne dépend que de vous de nous procurer la liberté à l'un et à l'autre. »

— « Et comment cela? dit Biribinker. »

— « Je n'ai pas toujours été ce que vous me voyez, repartit le bourdon, et vous seul pouvez me rendre ma forme naturelle. Le jour commence à baisser. La reine est occupée dans son cabinet à des affaires de la plus grande importance; l'occasion est bonne. Vous n'avez qu'à vous mettre à califourchon sur mon dos, et je m'envolerai si haut que les guêpes ne pourront pas nous apercevoir. Mais, avant toutes choses, promettez-moi de faire ce que je vous demanderai. Ce sera pour vous la chose la plus facile du monde. »

Le prince, enchanté de l'offre et du secours du bourdon, lui promit tout ce qu'il voulut; il se plaça sur le dos de son nouvel ami, 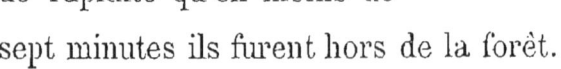 qui fendit les airs avec tant de rapidité qu'en moins de sept minutes ils furent hors de la forêt.

On s'aperçut assez tôt à la ruche de la disparition du prince. La fée, à cette nouvelle, entra en grande fureur et voulait envoyer toute son armée de guêpes à la poursuite des fugitifs; puis elle se calma et dit : —

« Biribinker est un ingrat. Il veut courir le monde? Tant pis pour lui! Il paiera assez cher son escapade et apprendra à ses dépens qu'on ne quitte pas de cette façon une nourrice qui vous a élevé avec la plus vive sollicitude et la plus tendre affection. Qu'il devienne ce qu'il pourra; je jure de ne plus m'occuper de lui. Du reste, dans quelques jours il aura atteint sa vingtième année, et ne courra plus de danger à l'endroit des laitières. Quant au bourdon, c'est un mauvais serviteur, qu'il aille au diable. »

Le bourdon prit terre sur le bord d'une rivière. — « Actuellement, mon prince, vous êtes en sûreté, dit le bourdon. L'enchantement du vieux magicien Padmanaba, qui m'a mis dans l'état où vous me voyez, ne me permet pas de vous accompagner plus loin. Mais écoutez bien et retenez ce que je vais vous dire. En suivant le chemin qui est à votre gauche, vous arriveriez dans une vaste prairie, au milieu de laquelle vous verriez un troupeau de chèvres bleues qui paît autour d'une petite chaumière. Si vous entriez dans cette cabane, vous seriez perdu. Prenez donc toujours le chemin qui sera à votre droite, et marchez jusqu'à ce que vous trouviez un château à moitié ruiné. Après avoir traversé plusieurs cours désertes, vous apercevrez un large escalier de marbre qui vous conduira dans un superbe vestibule. Vous y verrez à droite et à gauche beaucoup de salles magnifiquement ornées et illuminées comme pour une fête. Je vous avertis que, si vous entrez dans une de ces salles, la porte se fermera aussitôt' d'elle-même sur vous, après quoi aucun être humain n'aura le pouvoir de vous rendre la liberté. Mais en allant droit au fond du vestibule, vous arriverez à une porte fermée qui s'ouvrira à votre approche, si vous prononcez le nom de Biribinker, et qui vous donnera accès dans une très-grande chambre. Entrez-y et passez-y la nuit. Voilà ce que je demande que vous fassiez dans votre intérêt et dans le mien, et sur ce, seigneur, je vous souhaite bon voyage et toute sorte de chances heureuses. »

Après ces mots, le bourdon s'envola, laissant le prince étonné de ce qu'il venait d'entendre. Comme il était tard, Biribinker se mit sur-le-champ en route, impatient de vérifier les merveilles qu'on lui avait prédites, et marcha toute la nuit. C'était en été, et il faisait un très-beau clair de lune. Dès la pointe du jour, il aperçut le pré, la chaumière et les chèvres bleues. Biribinker se ressouvint très-bien de la défense que lui avait faite le bourdon; mais, à l'aspect de la chaumière, il éprouva un sentiment de curiosité qu'il lui fut impossible de surmonter, et pensa

qu'il ne courrait pas grands risques en ne se conformant pas tout à fait à l'avis du bourdon, qui l'avait si sagement conseillé. Il entra donc dans la cabane, où il ne trouva qu'une jeune laitière vêtue d'un corsage bleu et d'une longue robe éclatante de blancheur. Elle était sur le point de traire quelques chèvres, qui étaient attachées à une crèche de bois de sandal. Le vase qu'elle tenait était formé d'un seul rubis. Au lieu de paille, l'étable était jonchée de fleurs de jasmins. Biribinker admira, sans doute, cette somptueuse ordonnance; mais il admirait bien plus la maîtresse des chèvres. C'était, en effet, la personne la plus belle et la plus séduisante qu'on pût imaginer. Ses joues étaient plus fraîches et plus vermeilles que la rose qui vient d'éclore. Son visage respirait la candeur et la bonté. Elle parut agréablement surprise dès qu'elle aperçut le prince; elle le considéra d'un regard mêlé de crainte et de plaisir, et s'écria : — « Oui! oui! c'est lui! je n'en puis douter... » — A ces mots, le

BIRIBINKER.

prince, conjecturant qu'il était connu et qu'on ne le regardait pas d'un mauvais œil, s'était précipité aux genoux de la laitière, en lui disant : — « Serait-il vrai que le trop heureux Biribinker?... » — « Dieux! s'écria la laitière en reculant d'effroi, quel nom odieux viens-je d'entendre! Comment mes yeux et mon cœur ont-ils pu me tromper à ce point? Pauvre Galactine! » — A peine avait-elle achevé de parler que déjà elle sortait de la  cabane et prenait la fuite avec une vitesse surprenante.

Le prince, en voyant la laitière partir, était resté immobile et consterné, ne comprenant pas pourquoi son nom avait pu inspirer tant d'horreur. Toute réflexion faite, il prend le parti de poursuivre la belle laitière; mais ses efforts sont vains. Elle court avec tant de légèreté que ses pieds ne font qu'effleurer l'herbe, et que bientôt un bois touffu la dérobe aux yeux du malheureux Biribinker. Celui-ci pénètre dans le bois, parcourt vingt sentiers différents, et passe la journée à chercher inutilement les traces de la fugitive.

Le soleil était couché déjà, lorsqu'il se trouva inopinément à la porte d'un vieux château à demi ruiné.

Il voyait çà et là des pans de mur en marbre, des colonnes renversées, des entablements rompus et jonchant le sol. Il n'eut pas de peine à reconnaître le palais dont son ami le bourdon lui avait parlé. L'espérance de retrouver la belle laitière dans cette superbe masure l'enhardit à y entrer. Après avoir traversé trois grandes cours abandonnées et plantées d'arbres séculaires, il se trouva au pied de l'escalier de marbre qu'on lui avait indiqué. Sur chaque marche de cet escalier étaient deux lions assis face à face, qui, toutes les fois qu'ils respiraient, jetaient tant de flammes par les yeux et les naseaux qu'on y voyait comme en plein jour. A leur vue, je dois l'avouer, notre héros hésita un peu; mais à peine les lions eurent-ils aperçu le jeune prince qu'ils s'enfuirent en faisant entendre des rugissements horribles.

Biribinker, les lions partis, monta avec intrépidité, sans s'inquiéter des autres bêtes féroces qu'il pourrait rencontrer sur son chemin, et pénétra dans le vestibule. Il y vit, à droite et à gauche, les salles qui lui avaient été signalées, et se garda bien d'y entrer. Il alla droit au fond du vestibule, où il trouva une porte d'ébène fermée. Le trou de la serrure était rempli par une clef d'or qu'il essaya inutilement de faire tourner. Mais, dès qu'il eut dit : — « C'est moi, Biribinker, » — la porte s'ouvrit d'elle-même. Il put entrer alors dans un grand salon somptueusement meublé. Un lustre de diamants, garni de cinq cents lampes alimentées d'huile de cannelle, était suspendu au-dessus d'une table d'ivoire soutenue sur un piédouche de lapis-lazuli. On voyait, à droite et à gauche de la porte, deux buffets de malachite garnis d'assiettes, de plats et de coupes d'or, et d'une foule de curiosités recueillies dans toutes les parties du monde. Un lit de repos, dont les rideaux étaient relevés par de petits génies si artistement modelés qu'ils semblaient vivants, occupait un des côtés de la pièce. L'autre côté, faisant face, était garni du haut en bas par un immense miroir en métal poli. Parmi tous ces meubles, ce fut cette grande glace qui frappa le plus le prince Biribinker. Il s'en approcha pour se considérer, et, qui sait? peut-être pour s'admirer : la coquetterie n'étant pas le partage absolument exclusif des femmes. Il regardait donc dans la glace; mais, au lieu d'y voir refléter son image, il aperçut la figure d'une jeune dame d'une beauté éblouissante. Il crut d'abord qu'elle était peinte sur la face du miroir; mais peu à peu il vit cette ombre prendre un corps, et ce corps

se détacher de la glace et avancer vers lui. La dame, dont le visage s'illumina de joie et de bonheur, lui dit alors : — «Soyez le bienvenu, prince Biribinker! N'ayez aucun regret d'avoir obligé une fée qui a été enfermée depuis deux cents ans dans l'épaisseur d'un miroir par le plus méchant des magiciens. » — « Je suis, Madame, le plus heureux des hommes de vous avoir obligée, bien que je n'en aie pas eu l'intention, » — repartit le prince en ne sachant pas trop ce qu'il disait, tant étaient grandes et sa surprise et son émotion; mais, comme il était galant, assez présomptueux et pas mal suffisant, il n'hésita pas à faire une éloquente et pathétique déclaration à la fée. Au beau milieu de sa tirade, la dame l'interrompit, en lui disant : — « Trêve de compliments, prince Biribinker, et convenez que vous êtes amoureux d'une laitière que vous avez trouvée ce matin dans une chaumière, ou plutôt dans une étable. » — « Comment se peut-il, s'écria le prince avec confusion et dépit, qu'une personne qui, il n'y a qu'un quart d'heure, était aplatie dans l'épaisseur d'un miroir, ait déjà connaissance d'une telle particularité? » — « C'est là mon secret, dit la dame. Mais vous êtes fatigué et encore à jeun, si je suis bien informée. Venez avec moi, nous trouverons ici tout près le couvert préparé à notre intention. Je me flatte que votre fidélité pour votre belle laitière ne vous empêchera pas de me tenir compagnie à table. » Biribinker fit une profonde révérence, offrit son bras à la fée, et se rendit avec elle dans le salon.

Dès qu'ils y furent, la belle Cristalline (c'est ainsi que se nommait la fée du miroir) s'approcha de la cheminée, prit une baguette de bois d'ébène garnie aux deux bouts d'un talisman de pierres précieuses, et dit : — « Je n'ai plus rien à craindre. Me voici dès à présent maîtresse de ce palais, qu'un grand enchanteur construisit pour moi il y a cinq siècles; mille sylphes qu'il avait destinés à mon service vont à l'instant même rentrer sous ma domination. »

Cristalline frappa sur la table trois fois de sa baguette d'ébène, et Biribinker vit au même moment cette table se couvrir de mets délicats et recherchés, et les flacons du buffet se remplir de vins exquis. — « Je sais, dit la fée quand ils se furent mis à table, que vous ne vous nourrissez que de miel. Goûtez, je vous prie, de celui-ci, et dites-moi si vous en avez jamais mangé de meilleur. » — Le prince jura que ce miel ne pouvait être que l'ambroisie des dieux. — « On le prépare, répondit-elle, en recueillant les émanations les plus pures de certaines fleurs  qui ne se fanent jamais et qui n'éclosent que dans le jardin des Sylphes... Que dites-vous de ce vin? continua-t-elle en lui offrant une coupe. » — « Je vous proteste, s'écria le prince tout hors de lui-même, que la belle Ariane n'en versa jamais de meilleur à Bacchus. Je ne sais pas pourquoi Melisotte n'a pas voulu permettre qu'il entrât du vin dans sa ruche, car, en vérité, la terre ne produit rien de plus agréable. » — « On le retire, répliqua la fée, d'une sorte de raisins qui croissent également dans le jardin des Sylphes. C'est à l'usage de ce jus délicieux que ces génies doivent leur jeunesse et leur gaieté éternelles. Vous êtes, d'ailleurs, un des rares mortels qui aurez eu le bonheur d'en goûter. » — « Le vin est bon, reprit Biribinker, et le miel exquis, j'en conviens ; mais tout cela ne me dit pas comment il est arrivé que j'aie pu faire sortir de l'épaisseur d'un miroir une belle personne comme vous. » — « Votre observation est juste, et je vais, en deux mots, satisfaire votre curiosité. Il y a de par le monde un affreux magicien que l'on appelle Padmanaba; il est de haute taille, porte une épaisse chevelure grise et une barbe qui lui descend jusqu'à la ceinture. Ce magicien ne rêvait que mariage et avait juré de n'épouser qu'une fée. Il avait la mine si méchante  et si renfrognée, il bégayait d'une façon si impatientante que personne ne voulait de lui. Quand il s'est adressé à moi, j'ai été surprise si désagréablement par sa proposition, qu'au lieu de l'ajourner avec de bonnes paroles, comme avaient fait la plupart de mes amies, au lieu de le flatter de quelque espérance lointaine, j'ai eu la sottise de le mettre brutalement à la porte. J'ai fait plus : pour qu'il ne pensât plus à moi, je me suis mariée avec Grigri, un gnome, qui n'était pas beau assurément, mais qui était si soumis, si complaisant, si doux, et qui avait tant d'esprit que je lui étais très-sincèrement attachée. Croiriez-vous que Padmanaba trouva à redire à ce que je venais de faire, qu'il m'accabla de reproches, comme si j'avais manqué à une promesse, à un engagement sacré, et que, pour se venger de ce qu'il appelait mon mépris, il eut la cruauté de m'enfermer dans le miroir d'où vous m'avez tirée et de transformer mon pauvre Grigri en bourdon? » — « Mais alors je connais très-bien monsieur Grigri, dit le prince ; c'est lui qui m'a emporté sur son dos hors des domaines de la fée Melisotte et qui m'a donné les renseignements nécessaires pour pénétrer dans ce château. » — « Je sais cela tout aussi bien que votre aventure avec la laitière... Pour votre satisfaction, je vous dirai enfin que Padmanaba avait déclaré que notre enchantement ne cesserait que lorsque Biribinker se regarderait dans la glace d'où vous m'avez vue sortir. Il n'y a que les magiciens pour avoir de pareilles idées, car il vous a engagé dans cette affaire à une époque où votre bisaïeule n'était pas même née. » — Tout en causant de la sorte, la fée faisait boire le prince, qui finit par vider successivement tant de coupes du vin des Sylphes que, malgré lui, il tomba dans un profond sommeil. D'un coup de baguette, la fée le transporta dans la chambre dont j'ai parlé, et le déposa sur le lit de repos en face du fameux miroir ; puis elle alla à la recherche du bourdon, qu'elle trouva rôdant dans le voisinage et attendant le résultat  de la visite de Biribinker. Cristalline, en reprenant sa première forme, avait recouvré toute sa puissance de fée ; elle n'eut donc pas grand'peine à rendre au bourdon sa figure d'autrefois. Je n'ai pas besoin de dire la joie qu'ils éprouvèrent en se retrouvant après une si longue séparation, ni de parler de la satisfaction avec laquelle ils reprirent possession de leur palais, que quelques coups de baguette eurent bientôt remis dans son ancien état de splendeur.

Le lendemain, Cristalline et Grigri donnèrent une fête magnifique au prince Biribinker, qui ne pouvait revenir de son étonnement en se rappelant les choses extraordinaires qu'il avait faites ou vues, en si peu de temps et avec si peu de peine, depuis qu'il avait quitté la ruche de sa nourrice. Comme, cependant, il pensait toujours à la belle laitière, il demanda à Cristalline si elle ne pourrait pas lui fournir le moyen de la retrouver. — « Vous serez satisfait, lui répondit la fée, et vous pouvez dès maintenant commencer vos recherches. Vous trouverez dans la première cour de ce palais une mule qui ne cessera de trotter que lorsque vous aurez rencontré votre Galactine, et si, contre mon attente, il vous arrivait quelque mésaventure, vous prendrez dans cette gousse de pois ce qui vous sera utile pour réparer votre malheur. »

Biribinker mit la gousse de pois dans sa poche, remercia la fée, fit de tendres adieux à Grigri, et descendit dans la cour. — « Voici, lui dit Cristalline, qui l'avait accompagné, la mule la plus extraordinaire qui fût jamais. Elle descend en droite ligne du fameux cheval de Troie et de l'ânesse de Silène. Du côté paternel, elle a la qualité d'être de bois, et, par conséquent, de n'avoir besoin ni de manger pour se nourrir, ni de se reposer sur une litière, ni d'être étrillée, ni de sentir les coups. Du côté maternel, elle a le privilége de marcher légèrement, sans incommoder son cavalier, et d'être aussi douce qu'un agneau. Vous pouvez monter dessus et la laisser aller à son gré. Elle vous portera auprès de votre laitière, et, si vous n'êtes pas aussi heureux que vous le désirez, vous n'en pourrez imputer la faute qu'à vous-même. »

Le prince examina ce coursier extraordinaire sous

toutes ses faces. L'animal payait si peu de mine que Biribinker aurait pu douter de ses rares qualités, si tout ce qu'il avait vu jusque-là dans ce palais eût été moins merveilleux. Pendant qu'il enfourchait sa monture, Cristalline voulut lui rendre un dernier honneur et lui donner une nouvelle preuve de sa puissance. Elle fendit trois fois l'air de sa baguette, et aussitôt les mille sylphes qui lui étaient soumis parurent de tous côtés : la cour, l'escalier en étaient remplis, et on les voyait voltiger par troupes dans les airs. — « Vous avez là, dit Biribinker, la société la plus charmante, et j'aimerais à rester avec vous; combien je regrette d'être obligé de partir. » — « Partez donc, dit Cristalline, et bon voyage! »

Biribinker sortit au trot du palais et marcha assez longtemps sans rien rencontrer. Vers midi, la chaleur devint si forte qu'il mit pied à terre à l'entrée d'une forêt, et qu'il s'y reposa sur le bord d'un ruisseau que quel-  ques arbres touffus mettaient à couvert des rayons du soleil. Il y avait un quart d'heure tout au plus que notre voyageur prenait le frais, lorsqu'il aperçut une bergère qui conduisait devant elle un troupeau de moutons couleur de roses. On n'aura pas de peine à se faire une idée du plaisir que le prince éprouva quand il reconnut sa belle laitière dans la personne qui menait le troupeau. Galactine s'approcha, s'assit sur l'herbe et se mit à caresser un de ses moutons, tout en affectant de regarder le prince avec indifférence et comme si elle ne l'eût jamais vu. Biribinker prit son courage à deux mains et s'approcha de la bergère, à laquelle il fit le discours le plus éloquent et le plus passionné. Lorsqu'il eut fini sa tirade, Galactine lui répondit d'un ton honnête : — « Je ne sais si je vous ai bien compris. N'avez-vous pas voulu me faire entendre que vous m'aimiez et que vous voulez m'épouser? » — « Ciel! si je vous aime! s'écria le prince avec transport. Souffrez que je vous adore et que mon âme ravie se prosterne à vos pieds! » — « Écoutez, lui répondit Galactine, je ne suis qu'une bergère, et je ne demanderais pas mieux que d'ajouter foi à vos belles protestations. Je ne serais même pas fâchée de voir comment s'y prendrait votre âme pour se prosterner à mes pieds; mais je vous déclare que je suis aussi difficile à persuader que la dame à laquelle vous avez offert votre cœur hier soir. » — « Dieux! qu'ai-je entendu?... s'écria le prince. D'où savez-vous?... Comment est-il possible?... Ah! malheureux Biribinker! » — Il aurait continué encore sa lamentation, si Galactine n'eût fait un grand cri et ne se fût levée avec précipitation, en disant : — « Faut-il que ce nom odieux vienne encore frapper mes oreilles! » — et en même temps n'eût pris la fuite. Le prince prenait son élan pour courir après elle, quand il aperçut à quelques pas devant lui un géant qui approchait, les yeux flamboyants. A la vue de ce monstre, dont la tête s'élevait au-dessus des plus grands arbres, notre héros, tout brave qu'il était, eut peur, il faut l'avouer. Le géant lui cria : — « Que viens-tu faire dans mon empire? Tu vas voir comment je traite les étrangers qui s'amusent à conter fleurette à nos bergères. Je te hacherai si menu que tu pourras servir à faire un excellent pâté. » — Ce disant, il empoigna le prince, le jeta dans une besace qu'il portait sur son épaule, et continua son chemin. Biribinker crut être précipité dans un gouffre immense. Il tombait, tombait toujours; enfin il atteignit le fond du sac. Quand il fut un peu remis de la chute étrange qu'il venait de faire, il réfléchit sur sa situation et se souvint de la gousse de pois que la fée Cristalline lui avait donnée. Il l'ouvrit et n'y trouva qu'un petit couteau dont la lame était de diamant, et dont le manche était formé d'un ongle de griffon. — « Est-ce là tout ce que Cristalline a fait pour moi? se dit-il à lui-même. A quoi veut-elle que j'emploie ce joujou? Il ne saurait, à coup sûr, me servir à tuer le géant... A peine pourrais-je lui entailler un peu la peau. Mais, au fait, peut-être est-il suffisant pour pratiquer un trou dans la besace, après quoi je serai sans doute obligé de hasarder un saut périlleux?... N'importe! j'aime mieux m'exposer à me casser la tête en tombant que de courir le risque que ce monstre fasse de moi des pâtés pour la nourriture de ses petits. » — Biribinker, ayant donc formé ce hardi projet, ouvrit son petit couteau et travailla avec tant d'adresse et d'activité qu'en peu de temps il réussit à faire une assez grande ouverture dans le sac, quoique chaque brin de fil qui formait la toile fût plus gros qu'une forte corde. Le géant passait précisément dans une forêt. Le prince crut devoir profiter de cette circonstance pour s'échapper. Il espérait pouvoir s'accrocher à quelques branches. Cette résolution prise, il se laissa aller sans que le géant s'en aperçût, et attrapa, en effet, une branche; mais la branche se rompit, et le pauvre Biribinker fut précipité dans un immense bassin de marbre qui se trouvait juste au-dessous de lui, et qui, par bonheur, était rempli d'eau. Comme il était bon nageur, il n'eut pas de peine à se tirer de ce mauvais pas. Ce qu'il avait pris pour une forêt était un fort beau parc, au milieu duquel s'élevait un superbe château. Il s'avança au hasard dans la première allée qui se présenta à lui, et, après avoir marché quelque temps, se trouva face à face avec  une femme non moins belle et non moins avenante que la fée Cristalline. Il salua profondément la dame, et s'excusa sur la liberté qu'il avait prise, bien malgré lui, de pénétrer dans ses domaines — «Soyez le bienvenu ici, lui dit la dame. Il n'y a que vous, seigneur Biribinker, qui puissiez me regarder, ainsi que vous le faites, sans que je sois changée incontinent en crocodile. Mon enchantement doit être fini, et je vous rends mille grâces de votre visite. » — Biribinker protesta qu'un accueil si charmant le rendait le plus heureux des mortels, et, comme il était, ainsi que je l'ai dit, très-prompt à s'enflammer, il ouvrit incontinent le chapitre des compliments exagérés et des déclamations galantes. — « Laissons ce fatras, lui répondit la dame... Vous n'avez pas encore dîné, et je sais que, quelque amoureux que vous soyez de votre laitière, vous n'êtes pas habitué à vous nourrir de soupirs. » — Cela dit, elle le ramena, un peu confus, sur le bord du bassin. Là, elle souffla dans une conque qu'elle portait suspendue à sa ceinture, et sur-le-champ trois nymphes sortirent de l'eau. La première avait une table d'ambre portée sur un pied d'améthyste et deux pliants de bambou; la seconde couvrit la table d'une natte faite du jonc le plus souple et le plus fin: enfin la troisième tenait à son bras un panier plein de mets exquis.

Quand ils furent assis à table, la dame dit à Biribinker, qui regardait tout cela avec des yeux étonnés : — « Je sais, que vous aimez le miel par-dessus tout. Goûtez de celui-ci; vous ne le trouverez peut-être pas mauvais, quoiqu'il ne soit produit que par les fleurs de certaines plantes marines. » — Le prince goûta le miel et le trouva excellent. Après le repas, deux ondines apportèrent un petit buffet de saphir garni de vases à boire. Ces vases étaient faits d'eau compacte, dure

comme le diamant et aussi transparente que le cristal.
Dès que Biribinker eut goûté la liqueur qu'ils contenaient, il avoua qu'elle surpassait infiniment les vins des meilleurs clos de la Bourgogne et du Bordelais. Tout en buvant, il dit à la dame : — « Comment se fait-il que vous sachiez tant de circonstances relatives à ma personne? Dès que vous m'avez vu, vous m'avez appelé par mon nom. » — « C'est que je suis aussi habile et aussi savante que la fée Cristalline. » — « Vous savez que j'ai été élevé dans une ruche d'abeilles? » — « On le sent à vingt pas de vous. » — « Que je suis amoureux d'une laitière? » — « Oh! pour cela, amoureux comme on ne le fut jamais. Ne vous mettez pas, d'ailleurs, en peine de votre Galactine; je crois pouvoir vous prédire que vous la reverrez et que vous serez aussi heureux qu'on peut l'être en épousant la plus belle bergère du monde. » — « Ah! s'écria Biribinker, — qui oubliait la leçon que lui avait donnée la veille la fée Cristalline, et qui était sous l'influence irrésistible des liqueurs qu'il buvait sans aucune modération, — peut-on, après vous avoir vue, désirer avoir pour épouse une autre femme que vous? » — « Voilà qui est tout à fait galant, mon prince, repartit la dame. Il est malheureux, en vérité,

que je sois mariée depuis plusieurs siècles ! mais prenez encore de cette liqueur; elle vous rendra plus ai-

mable, si c'est possible. »
— Biribinker but, en effet, et but si bien, que, comme la veille, il s'endormit à table.

Le lendemain, au point du jour, il se réveilla dans une des chambres de ce château qu'il avait aperçu en sortant de l'eau. La première personne qu'il rencontra dans le parc fut encore la belle dame qui, la veille, lui avait offert de si bon miel et du vin si parfait. Il était tellement confus de sa conduite qu'il ne savait trop comment entamer la conversation; mais la dame le prévint, et lui dit : — « Le Destin vous a choisi, mon cher Biribinker, pour obliger les fées malheureuses. Puisque le hasard a voulu que je sois du nombre de celles à qui vous faites du bien, il est juste que je vous dise qui je suis et combien je vous ai d'obligations. Apprenez donc que j'appartiens à cette classe de fées que l'on appelle Ondines, parce qu'elles peuvent habiter et vivre dans l'eau. On m'appelle Mirabelle. L'état de fée, joint au rang que me donnait ma naissance, eût été plus que suffisant pour m'assurer une existence heureuse; mais ma destinée voulut que je fusse aimée d'un vieux magicien, qui, je puis le dire en toute vérité, était l'homme le plus désagréable que j'eusse vu, et qu'il eut l'impertinence de me demander ma main. Je l'éconduisis assez brutalement, je l'avoue; mais je ne pouvais hésiter, puisque j'étais fiancée à Phlox, un sylphe très-puissant et fort bien apparenté. Mais Padmanaba... » — « Comment! s'écria le prince. Padma-

naba, dites-vous? Quoi! ce magicien à longue barbe, qui enferme les fées dans les miroirs et change les gnomes en bourdons? » — « Précisément celui-là, reprit la fée. Padmanaba donc fut très-irrité de mes dédains, et me quitta en me faisant les plus terribles menaces. Au bout de quelques jours, il revint me trouver, et me demanda si je persistais dans ma résolution de le refuser pour époux. Je lui répondis que je ne voudrais jamais me marier avec un aussi laid et un aussi méchant homme que lui. Aussitôt sa figure devint pourpre, ses cheveux se hérissèrent sur sa tête, et, d'une voix tremblante de colère, il me dit : — « Tu apprendras à tes dépens qu'une poupée de fée de ta sorte est une sotte de traiter, comme tu le fais, un magicien aussi puissant que moi. » — Et en même temps il me toucha de sa baguette. » — « Mais vous me racontez là l'histoire de la fée Cristalline, dit le prince. Et Padmanaba vous a sans doute enfermée dans une glace? » — « Non; il a plus d'imagination que vous ne pensez, car à peine m'eut-il touchée que je fus transportée par des mains invisibles dans le bassin où vous êtes tombé hier. Là, le magicien me dit : — « Garde ta forme naturelle; mais sache que dès que les yeux d'un homme se fixeront sur toi, tu seras instantanément changée en crocodile, et nous verrons si, sous cette forme hideuse, tu feras beaucoup de conquêtes. Je suis fâché de ne pouvoir rendre cet enchantement indissoluble. J'ai tout lieu de craindre que Caramoussal, dans un avenir lointain, ne suscite un prince qui pourrra braver ma puissance. En attendant les événements prédits par le magicien du mont Atlas, sachez que j'attache la révocation de mon enchantement à la vertu d'un nom extraordinaire, nom qu'on n'entendra peut-être prononcer dans aucune langue du monde avant que mille années se soient écoulées. » Tel fut l'arrêt que prononça Padmanaba. Depuis cette époque, bien des princes et beaucoup de vaillants hommes ont pénétré dans ce parc. Mais dès que leurs regards étaient fixés sur moi, j'étais chan-

gée en crocodile. Je me plongeais aussitôt au fond de l'eau, et je ne reprenais ma figure naturelle que lorsqu'ils étaient partis et qu'ils ne pouvaient plus me voir. Il y a plus de deux siècles que je suis exilée dans ce parc sans qu'il m'ait été possible d'en franchir l'enceinte, vivant tantôt dans mon palais des eaux tantôt dans le palais où vous venez de passer la nuit, de jour en jour plus humiliée, plus ennuyée et surtout plus désespérée de n'avoir aucune nouvelle du sylphe que j'avais agréé pour époux. Gloire à vous, Biribinker, qui avez eu le pouvoir de détruire l'enchantement du vieux Padmanaba et de me rendre à la liberté! » — « Je suis fort heureux, Madame, de vous avoir obligée, répondit le prince. Mais comme je n'ai plus rien à faire ici, puisque mes hommages n'ont su trouver le chemin de votre cœur, je vous demande la permission de me retirer, et vous supplie de m'accorder votre puissante protection. » — « Je ne demande pas mieux que de vous venir en aide, repartit la fée; mais je ne saurais vous cacher que votre bonheur ne dépend que de vous-même. Si vous continuez à vous comporter comme vous faites, je vous le déclare, toutes les fées du monde perdraient leur latin à vous protéger. A-t-on jamais vu un amant tel que vous? Vous courez les champs pendant le jour pour chercher votre maîtresse, et le soir vous l'oubliez en prenant feu auprès de la première femme que le hasard vous fait rencontrer. A quoi peut vous mener une pareille conduite? Il faudrait que votre laitière fût un modèle de docilité et d'abnégation pour se contenter de cette façon d'être aimée... » — « Le temps presse, reprit Biribinker.

Dites-moi, de grâce, ce qu'est devenue ma chère Galactine, dont cet affreux géant m'a fait perdre la trace? » — « Je n'en sais rien, dit la fée. Cherchez-la, vous la trouverez. S'il vous arrivait, du reste, d'avoir besoin de mon secours, cassez l'œuf de colibri que voici; je vous promets qu'il vous rendra autant de services que la gousse que vous donna la fée Cristalline. »

Mirabelle eut à peine achevé ces dernières paroles, qu'elle disparut, ainsi que le château, le bassin et le parc. Biribinker se trouva, sans savoir comment, dans l'endroit même où le géant l'avait enlevé. On ne peut être plus étonné que ne le fut Biribinker, et il en était réduit à se demander si ce qu'il venait de voir et d'entendre n'était pas un rêve. Il se frotta les yeux, se pinça les bras et se tira le nez pour se bien convaincre qu'il était éveillé, et, malgré cela, il aurait douté de l'existence de toutes les choses extraordinaires qu'il avait vues depuis son évasion de la ruche, si l'œuf de colibri qu'il tenait à la main n'eût témoigné de la réalité des aventures qui lui troublaient l'esprit. Cependant il ne savait trop à quel parti se résoudre, et peut-être allait-t-il chercher à s'endormir, sous prétexte que dormir porte conseil, lorsqu'il vit sortir d'un bouquet de bois une chasseresse dont l'air, la taille et les grâces annonçaient Diane. Elle était vêtue d'une longue robe de taffetas bleu, parsemée d'abeilles d'or. Cet habit, relevé jusqu'aux genoux, se maintenait croisé sur l'estomac au moyen d'une ceinture de diamants. Une partie des beaux cheveux de la chasseresse était

nouée avec un rang de perles, et le reste flottait en petites boucles sur ses épaules. Elle tenait une javeline à la main et un carquois d'argent pendait sur son dos.

— « Pour le coup, se dit Biribinker, je suis sûr que je ne rêve pas. » — La chasseresse s'approcha si près de lui, qu'il la reconnut pour sa tant regrettée Galactine. Elle ne lui avait jamais paru plus ravissante que dans cet ajustement, qui lui donnait, en effet, un air de déesse. Notre héros oublia tout à coup les fées Cristalline et Mirabelle, alla se jeter aux pieds de la chasseresse et lui exprima, dans les termes les plus vifs, le plaisir qu'il éprouvait de l'avoir retrouvée. Mais Galactine, mieux instruite de ses aventures qu'il ne le supposait, lui répondit : — « Vous moquez-vous de moi, mon prince? Avant-hier, vous me rencontrez, vous me jurez aussitôt que vous m'adorez, et le soir même vous faites la même déclaration à la fée Cristalline. Hier, quand vous m'avez vue, vous vous êtes jeté, comme aujourd'hui, à mes genoux, vous avez pris le ciel à témoin que vous m'aimiez et que vous n'aimeriez que moi, ce qui ne vous a pas empêché, quelques heures après, d'offrir vos hommages passionnés à la fée Mirabelle. Voici enfin que maintenant vous voulez recommencer avec moi la même plaisanterie pour la troisième fois. En vérité, vous avez sucé avec le miel de la fée Melisotte de singuliers principes en fait d'amour! Je vous en fais mon compliment bien sincère. Vous n'êtes qu'un ingrat et un impertinent, je vous le dis en toute sincérité. Adieu! donc. Bon voyage et bonnes chances! » — Biribinker fut atterré; il pria et supplia qu'on lui accordât son pardon; Galactine tint bon et assura qu'elle ne saurait aimer un homme si léger, si frivole et si peu fidèle, et qu'elle n'accepterait jamais pour époux un fat, — le mot était dur, — sur l'affection duquel on ne pouvait compter une journée entière. En entendant cet arrêt, notre héros fut pris d'un si violent désespoir, qu'il s'écria : — « Je jure par toutes les divinités du ciel et de l'enfer que je ne souffrirai pas qu'un autre que Biribinker... » — « Oh! l'homme odieux et assez malavisé pour me faire entendre encore ce détestable nom, s'écria à son tour Galactine. Que je ne vous revoie plus, que je n'entende jamais parler de vous, sinon comptez sur les effets les plus terribles de ma haine et de ma colère. » — Après ces mots, elle prit la fuite. Notre prince, malgré les menaces qu'il venait d'entendre, se disposait, comme le jour précédent, à la poursuivre, quand il vit venir à lui, criant, gesticulant et menaçant, six ogres d'une taille plus qu'humaine. Ces ogres portaient autour de la tête et des reins des branches de chêne en forme de guirlande, et sur l'épaule gauche une massue d'acier. Biribinker, malgré sa bravoure, comprit que ce serait folie à lui que de vouloir lutter avec les six ogres, et songea à se servir de l'œuf de colibri que lui avait donné la fée Mirabelle. Il le cassa, presque en tremblant, et en vit sortir, avec étonnement, un hippogriffe, qui acquit instantanément la

taille du plus fort cheval. Comme les ogres approchaient, il n'y avait pas à hésiter; aussi le prince se hâta-t-il de sauter sur la croupe de l'animal, qui, aussitôt qu'il sentit sa charge, s'éleva dans les airs, au grand ébahissement des six ogres, qui s'imaginaient faire une bonne prise de chair fraîche et tendre. L'hippogriffe parcourut plusieurs royaumes, traversa l'Océan, et vint déposer son fardeau dans une immense vallée entourée de tous côtés d'un rempart de glaciers éternels. Quand le prince eut mis pied à terre, l'animal reprit son vol et retourna on ne sait où.

Biribinker, étourdi et fatigué par la rapidité de la

course qu'il venait de faire, s'assit sur un rocher, tout près d'une forêt de canneliers, qui répandaient un parfum délicieux. Je ne rapporterai pas les diverses réflexions qui se présentèrent à l'esprit de notre héros. Je dirai seulement qu'il repassait assez piteusement dans sa mémoire tout ce qui lui était arrivé d'extraordinaire depuis les trois jours qu'il avait quitté la ruche en compagnie du bourdon, et qu'il se prenait à regretter la cour si bien disciplinée de la fée Melisotte. Il ne savait ni où il se trouvait actuellement, ni dans quelle contrée du monde s'élevait la ruche qui l'avait si longtemps abrité. Pour le moment, il ne lui restait pas d'autre parti à prendre que de continuer son existence d'aventures, et de tâcher de se tirer d'affaire dans la vallée où l'hippogriffe l'avait déposé. Il quitta donc le rocher sur lequel il était assis et se mit à rôder à tout hasard dans la forêt de canneliers. Après l'avoir parcourue sans rencontrer aucun être vivant, il entra dans un grand jardin, où toutes les espèces d'arbres, d'arbrisseaux, de plantes, de fleurs et d'herbes étaient confondues avec le plus beau désordre. L'art y était si raffiné que le plus souvent l'arrangement ne paraissait être qu'un simple jeu de la nature. On voyait par-ci, par-là, des statues de nymphes à demi couchées sous des buissons de roses ou dans des grottes de nacre et de corail, et s'appuyant sur des urnes d'où jaillissaient de petits ruisseaux, qui, après avoir parcouru le jardin en serpentant, formaient, d'un côté, des jets d'eau, tombaient, d'un autre côté, en cascades, et finissaient par se réunir dans des bas-

sins revêtus de marbre. Chaque pièce d'eau était habitée par différentes espèces de poissons, qui, contre l'usage ordinaire des animaux de cette sorte, chantaient avec tant d'art que leurs concerts firent éprouver aux oreilles de Biribinker les sensations les plus agréables. On entendait entre autres une carpe qui faisait les dessus à ravir; ses roulades auraient fait mourir de dépit la prima-donna de notre Théâtre-Italien. Notre héros l'écouta longtemps avec plaisir. Plus il voyait de merveilles, plus sa curiosité était excitée. Impatient de savoir à qui appartenait cette vallée enchantée, il interrogea les poissons; — « car, se dit-il à lui-même, puisqu'ils chantent, à plus forte raison parleront-ils. » — Mais ses questions furent inutiles. Les poissons continuèrent à chanter sans se mettre en peine de lui répondre.

Biribinker perdit patience, poursuivit son chemin, et entra dans un vaste jardin potager. Tous les légumes paraissaient y croître en abondance et sans culture. En se frayant un chemin à travers des massifs

de plantes, il heurta par hasard son pied droit contre un gros concombre. — « Prince Biribinker, lui dit ce concombre, veuillez une autre fois, je vous prie, faire attention où vous poserez les pieds. » — « Pardon, seigneur concombre, lui répondit Biribinker. Je me serais certainement tenu sur mes gardes, si j'eusse pu m'imaginer que les concombres de cette vallée fussent des personnages aussi importants que vous paraissez l'être. Je me félicite cependant de ce que mon inadvertance me procure la satisfaction de faire votre connaissance, car je ne serais pas fâché d'apprendre, je vous assure, comment vous savez déjà qui je suis. attendu que ce matin j'étais encore à deux mille lieues

d'ici, et qu'il n'y a pas trois jours je n'avais jamais encore franchi les limites de la forêt de la fée Melisotte, forêt dans laquelle aucun mortel n'a pénétré. » —

« Prince, répondit le concombre, j'ai su qui vous étiez par cette raison très-simple qu'il est écrit et qu'il est certain que toute créature humaine, sauf le prince Biribinker, qui pénétrera dans cette vallée doit incontinent être changé en légume. Il ne m'a donc pas été difficile de vous reconnaître, puisque seul d'entre tous les hommes qui sont venus ici vous avez échappé à la loi commune de cette contrée. » — « Toute réflexion faite, je ne suis pas fâché, répartit le prince, que l'hippogriffe m'ait conduit dans un pays où les poissons chantent et où les concombres ont le don de la parole. » — « Oh! ne soyez pas étonné de m'entendre parler : c'est cette faculté qui me distingue des concombres, citrouilles et melons vulgaires de vos jardins. Du reste, il y a longtemps que je vous attendais ici, et je commençais même à désespérer de vous voir arriver jamais. Je vous proteste qu'il est fort désagréable d'être concombre pendant deux cents ans, lorsqu'on n'est pas né pour cela et qu'on a été accoutumé à voir la bonne compagnie. Enfin, le temps prédit est venu, et j'espère que vous ne me refuserez pas de me venger du maudit Padmanaba. » — « Que dites-vous de Padmanaba? Parlez-vous de ce magicien qui a enfermé Cristalline dans une glace et qui a condamné Mirabelle à devenir crocodile toutes les fois que?... » — « Précisément, dit le concombre. Puisque vous êtes ici, bien des enchantements auxquels s'est livré ce vieux fou doivent être détruits; de sorte que je compte reprendre bientôt ma forme première. » — « Auriez-vous donc aussi à vous plaindre de Padmanaba? » — « Excusez-moi, répondit le concombre, si cette question me fait rire..... Ne remarquez-vous pas que je dois être d'une condition plus relevée que les cucurbitacés ordinaires? Mirabelle ne vous a-t-elle pas parlé d'un certain sylphe appelé Phlox, qui était à la veille de l'épouser? » — « Ah! sans doute; mais elle a oublié de me dire ce qu'il était devenu. » — « Je suis  précisément le sylphe en question. Padmanaba, irrité d'avoir été fort mal accueilli par les fées auxquelles il avait adressé ses hommages, prit le parti d'aller cacher sa honte dans un monde inconnu et de s'y bâtir un palais invisible. Pour cela, il soumit à son pouvoir votre serviteur, ainsi qu'une foule de sylphes et de gnomes, et nous entraîna à sa suite dans cette vallée. Là, il nous employa à la construction de son palais. L'œuvre achevée, il a récompensé notre zèle en nous changeant en autant de légumes, déclarant que nous resterions tels jusqu'à ce que le prince Biribinker vînt nous rendre notre forme naturelle. Quelque épaisseur que puissent avoir les organes d'un concombre, j'ai fait, pendant deux longs siècles, des observations qui m'ont conduit à des raisonnements justes. En un mot, je connais très-bien les affaires du vieux Padmanaba. Je vous instruirai de manière que vous pourrez, sans doute, rendre inutiles toutes les précautions qu'il a prises pour vous échapper. » — « Je vous en aurai la plus grande obligation, répliqua le prince. Je me sens un certain entraînement à jouer des tours à ce terrible magicien. C'est sans doute ma destinée qui m'y pousse, car, au fait, je n'ai reçu personnellement aucune offense de sa part. » — « Comment! vous ignorez donc qu'il est cause que le grand Caramoussal vous a donné le nom de Biribinker? Et n'est-ce pas ce nom qui vous a été fatal trois fois auprès de votre belle laitière? » — « Quoi! c'est à Padmanaba que je dois le nom de Biribinker? De grâce, expliquez-moi comment et pourquoi! Je commence à croire que mon nom seul m'a attiré toutes les choses extraordinaires que j'ai éprouvées. Je voudrais savoir surtout pourquoi les personnes que je rencontre pour la première fois, et même les concombres, m'appellent par mon nom, et paraissent aussi instruites que moi-même des circonstances de ma vie. » — « Votre curiosité sur ce point sera satisfaite, si vous voulez vous donner la peine de songer que vous n'avez eu affaire, depuis votre départ de la ruche, qu'à des fées et à des enchanteurs. Pour le moment, songez surtout à mener à bonne fin l'entreprise à laquelle vous a destiné le grand Caramoussal. Une grande difficulté est surmontée déjà, puisque vous êtes ici et que Padmanaba ne s'est jamais imaginé que vous viendriez le trouver dans une vallée fermée par des glaciers et cachée au milieu d'un immense con‑  tinent dont les peuples de l'Europe, de l'Asie et de l'Afrique ignorent même l'existence. Il est certain que Caramoussal n'est pas étranger à tout ce qui vient de vous arriver, et qu'il veille sur vous. » —

« Tout cela est très-bien; mais vous me parliez, il n'y a qu'un moment, d'un palais que Padmanaba s'est fait bâtir dans cette vallée par des gnomes et des sylphes. D'où vient que je ne l'aperçoive pas, bien que je m'écarquille les yeux à regarder de tous côtés? » — « La raison en est très-simple : c'est qu'il est invisible. » — « Invisible? J'espère du moins qu'il ne sera pas impalpable. » — « Non; mais comme il est entouré d'essences odorantes toujours en feu et dont les flammes s'élèvent jusqu'aux nues... » — « Vous me décrivez là un singulier palais. S'il est environné de flammes, comment peut-il être invisible? » — « Voilà le merveilleux de l'affaire. Ainsi l'a voulu le magicien. Vous ne pouvez voir le palais dans l'état physique où vous êtes actuellement. Avancez environ deux cents pas de plus, et la chaleur que vous ressentirez vous convaincra que je dis vrai. »

Après avoir vu tant de choses extraordinaires, Biribinker aurait-il dû douter de la véracité du concombre? Indécis, il se dirige du côté du palais invisible. A peine a-t-il marché durant une minute, qu'il sent un certain degré de chaleur. Plus il avance, plus la chaleur augmente. Il revient sur ses pas et cherche son ami le concombre, qui, dès qu'il l'entend, lui crie :

— « Eh bien! prince Biribinker, m'en croirez-vous à l'avenir sur parole? Doutez-vous maintenant de l'existence de la rivière enflammée et du palais invisible? »

— « Je sais qu'il existe; mais j'ignore de quelle manière je pourrai y entrer. Je ne saurais vous dissimuler que j'ai cependant une envie irrésistible d'arriver jusqu'à Padmanaba, dût-il m'en coûter la vie!... »

— « Vous ne paierez pas si cher l'accomplissement de votre désir. Si vous voulez faire tout ce que je vous dirai, le palais deviendra visible pour vous, et vous pourrez y pénétrer en toute sûreté; il ne vous en coûtera qu'un saut. »

— « Je ferai tout ce que vous voudrez. Parlez. »

— « Eh bien! à soixante pas d'ici, derrière ces grenadiers, vous trouverez, au milieu d'un petit labyrinthe de jasmins et d'orangers, un bassin rempli de feu. Allez vous y plonger, et revenez me dire l'effet que ce bain aura produit sur vous. »

— « Rien de plus? Mais c'est on ne peut plus extravagant. Vous plaisantez, sans doute, quand vous voulez que j'aille me précipiter dans un bassin de feu. »

— « Ne vous fâchez pas. Il dépend de vous d'entrer dans le palais invisible ou de ne pas l'aborder. Le bain dont je vous parle n'est pas aussi dangereux que vous l'imaginez. Padmanaba lui-même en

fait souvent usage; sans cela, il ne pourrait, pas plus que vous, habiter dans un palais entouré de flammes.

Quoique, après Caramoussal, il soit le premier magicien de la terre, il partage un grand nombre des infirmités attachées à la condition humaine. Sans l'usage de ce bain, il serait impossible aussi à toutes les fées qu'il a déjà enlevées de vivre enfermées dans son palais. »

— « Comment! le palais est-il rempli de fées? »

— « Sans doute, il y en a un grand nombre. Padmanaba a la manie du mariage, et toutes les fées, on ne sait pourquoi, ont la manie de ne pas vouloir absolument de lui. Vous savez ce qu'il a fait de Cristalline et de Mirabelle? Maintenant toutes celles qui ont refusé ses hommages et qu'il a enlevées ont été transformées par lui en vieilles femmes radoteuses et chagrines. Hier matin, j'ai vu le magicien partir sur son rok, — l'immense oiseau qui lui sert de monture pour traverser les airs, — et revenir le soir, apportant une jeune femme qui ressemblait à Diane chasseresse. »

— « A Diane, dites-vous? Mais ne serait-ce pas la divine Galactine? »

— « La chose n'est pas impossible. »

— « Dans ce cas, il faut que je pénètre dans le palais invisible, coûte que coûte. Mais ne puis-je donc me dispenser de prendre ce maudit bain de feu? »

— « Non, vraiment. »

— « Ah! je serai rôti, grillé, consumé. »

— « Que vous êtes singulier! Je vous ai déjà dit qu'il m'importait, autant qu'à vous-même, que vous entriez dans le palais. Croyez-vous qu'il ne me tarde pas de voir finir mon état de concombre et d'être débarrassé de cette lourde enveloppe, qui sied si peu à un esprit aussi spéculatif que le mien? Je vous en supplie, essayez du bain, ne serait-ce que pendant une minute. »

— « Allons, et voyons ce qu'il en adviendra. Je ne saurais payer trop cher le bonheur de sauver Galactine. »

En disant ces mots, le prince fit une amicale révérence au concombre Phlox, et pénétra dans le labyrinthe. Il y vit un grand bassin rond, revêtu de basalte et rempli de feu, qui ne paraissait être entretenu par aucune matière combustible. Les flammes qui s'élevaient à la surface, en ondulant, touchaient les myrthes et les rosiers sans leur causer le moindre dommage. Biribinker considérait ce prodige sans oser avancer trop, et se trouvait dans un état d'irrésolution qui aurait duré peut-être longtemps, si une force invisible ne l'eût précipité au milieu du bassin, au moment où il s'y attendait le moins. Il jeta un

grand cri et s'apaisa tout à coup, en s'apercevant que le feu, bien loin de lui causer de la douleur, pénétrait tout son être d'une chaleur délicieuse. Il resta un quart d'heure dans ce bain étrange, et en sortit, se sentant aussi dispos et aussi léger qu'un zéphir; en même temps, il découvrit le palais, qui cessa d'être invisible pour lui. Afin de prendre des instructions plus détaillées de son ami Phlox, il se hâta de retourner auprès de lui. Du plus loin que le concombre l'aperçut, il lui fit mille compliments sur son courage et sur l'heureuse issue de son entreprise. — « Il ne s'agit plus, lui dit-il, que de pénétrer dans le château. »

— « C'est très-bien, et j'y vais ; mais ne pouvez-vous pas me dire ce que j'aurai à faire quand j'y serai ? »

— « Écoutez-moi bien. Il s'agit d'enlever à Padmanaba le talisman en forme d'étoile qu'il a constam-

ment sur la poitrine. Le magicien a une grande infirmité : celle de dormir seize heures de suite chaque jour. Vous n'avez qu'à profiter de son sommeil. Soyez sûr de réussir, à moins que, ne pouvant maîtriser votre humeur galante, vous ne perdiez votre temps à faire la cour à quelque femme. Je vous en supplie, si vous rencontrez Galactine, fuyez-la tant que vous n'aurez pas le talisman, et faites comme si vous ne l'aviez jamais vue. J'ajouterai encore, pour vous encourager, que vous ne trouverez de résistance nulle part; que toutes les portes s'ouvriront d'elles-mêmes, et que vous n'avez rien à craindre de la colère de Padmanaba, car tout son pouvoir doit céder devant la vertu enchanteresse de votre nom. »

— « Qu'il arrive ce qu'il voudra, je suis résolu de tenter l'aventure et de délivrer Galactine. Adieu, cher concombre; au plaisir de vous revoir! »

Biribinker se dirigea donc vers le palais, traversa facilement la ceinture de flammes qui en défendait l'approche, et entra dans le vestibule, où un bruit épouvantable vint frapper ses oreilles. Il s'arrêta un moment pour écouter, et il entendit plusieurs femmes qui se disputaient avec acharnement. Biribinker, curieux de son naturel, voulut savoir quel était le motif de la contestation. Il ouvrit donc la porte d'une grande salle, où il trouva une cinquantaine de naines, dont la laideur surpassait tout ce que l'imagination d'un Callot ou d'un Hogarth a pu produire de plus burlesque.

Au premier coup d'œil, Biribinker crut être à un sabbat de sorcières. Il eut d'abord peur; puis les singeries de ces naines finirent par le faire éclater de rire. A peine ces vieilles, dont la plus jeune paraissait avoir plus de quatre-vingts ans, l'eurent-elles aperçu, qu'elles coururent toutes au-devant de lui avec autant de célérité que leurs jambes torses et leurs robes à queue pouvaient le leur permettre. — « Vous venez fort à propos, prince Biribinker, lui cria une des plus hideuses, pour terminer une dispute qui a failli nous faire prendre aux cheveux. » — « Vous querellez-vous pour savoir laquelle d'entre vous est la plus belle ? » — « Précisément: vous avez deviné la chose du premier coup. Imaginez-vous, mon bon prince, qu'après

les avoir forcées toutes à me rendre la justice qui m'est due, cette guenon, cette petite pagode ose seule me disputer la pomme? » — « Ah! le plus juste de tous les princes, s'écria l'accusée en lui pinçant les jambes pour attirer son attention, je m'en rapporte à votre décision. Regardez-nous attentivement l'une et l'autre, considérez-nous trait pour trait, après quoi prononcez en conscience. » — « Est-il possible, dit celle qui avait parlé tout d'abord, qu'on pousse l'impudence jusqu'à ce point. Premièrement, elle n'est pas d'un pouce plus petite que moi, et vous m'avouerez que ce n'est pas là un avantage si important. En second lieu, je me

flatte que ma bosse osera toujours se montrer honorablement à côté de la sienne. Mes pieds, comme vous le voyez, sont aussi larges et plus longs que les siens. Elle se prévaut de la noirceur de sa peau:

mais il me semble que la mienne est loin d'être blanche. » — « Vous riez, mon prince, repartit la rivale. Je n'en suis pas étonnée. Rien n'est, en effet, plus risible que la vanité de cette mégère. J'ai honte de vanter moi-même mes attraits; mais remarquez combien mes jambes sont plus cagneuses que les siennes, mon nez plus crochu, mes dents plus longues, mes yeux plus ronds (et, ce disant, elle faisait la plus effrayante grimace). Enfin, ajouta-t-elle, je puis me flatter que la nature m'a prodigué ses plus rares faveurs. » — « Mademoiselle, lui répliqua Biribinker, — aussitôt que ses éclats de rire lui permirent de parler, — je ne suis pas grand connaisseur n fait de beauté comme vous l'entendez; mais il me semble que votre compagne ne fait que plaisanter, lorsqu'elle s'avise de vouloir passer pour plus belle que vous. » — La première vieille parut très-choquée de cette décision: mais Biribinker, qui avait une envie démesurée de voler au secours de la belle laitière, n'écouta point les reproches qu'elle lui fit; il se retira après avoir souhaité le bonsoir à tout le cercle de guenons, qui, au lieu de lui répondre, se mit à rire à gorge déployée et à le poursuivre de ses huées et de ses moqueries.

Le prince, en sortant du repaire de ces vieilles

femmes, se trouva devant une grande porte, qui s'ouvrit d'elle-même. Il regarda ce phénomène comme un présage assuré du succès de son entreprise. Plein de courage et d'espérance, il traverse une galerie, monte un escalier et entre dans une vaste antichambre conduisant à une foule d'appartements qu'il parcourt en tous sens, et où il ne trouve personne. Il daigne à peine jeter un regard sur les mille chefs-d'œuvre de l'art et de l'industrie dont sont remplis ces logements imposants. Il continue sa visite; un escalier se présente, il le descend et arrive dans une cour pavée de porphyre, au milieu de laquelle s'élève un grand kiosque, de forme chinoise et garni de sonnettes d'or, qui, sous le souffle d'une légère brise, font entendre les sons les plus harmonieux. Devant lui, la porte s'ouvre encore d'elle-même. Il entre dans une vaste salle, où il ne voit qu'un vieillard d'une figure effrayante, lequel est couché sur un sopha et est enseveli dans un profond sommeil. Le prince ne doute pas que ce ne soit là le vieux Padmanaba. Quoique assuré de n'avoir aucune violence à craindre de sa part, il ne peut s'empêcher de tressaillir en se trouvant si près du terrible magicien; mais la pensée qu'il a été choisi pour détruire les enchantements de Padmanaba, jointe au désir de retrouver Galactine, l'enhardit à poursuivre l'aventure jusqu'au bout.

Il s'approchait bravement du sopha pour s'emparer du talisman, posé sur la poitrine du vieillard, lorsqu'il donna du pied contre quelque chose de mouvant. Il crut d'abord avoir trébuché contre quelque melon ou quelque concombre ; mais, en se baissant, il n'eut pas de peine à s'apercevoir que, pour cette fois, il avait affaire à une créature humaine. L'objet invisible qui s'était opposé à sa marche avait poussé aussitôt qu'il l'avait touché un cri de douleur ; en même temps, la plus agréable symphonie s'était fait entendre, sans que Biribinker pût apercevoir ni musiciens ni instruments. Il regarda autour de lui et ne vit plus le magicien. Je vous laisse à penser quels furent l'étonnement et l'inquiétude de notre héros.

Il ignorait que Padmanaba avait assez l'expérience de la vie pour se conduire prudemment dans toutes les occasions. Or, le magicien savait qu'un jour il aurait maille à partir avec Biribinker. Le seul désir d'éviter sa présence l'avait décidé d'abord à fixer sa demeure au milieu d'une enceinte de glaciers, et à se bâtir un palais invisible au milieu des flammes. Comme il est bon de tout prévoir, il avait ensuite supposé que le prince, dont il avait appris l'existence, pouvait réussir un jour à pénétrer dans son palais, il avait donc cru faire merveille en faisant coucher à ses pieds, toutes les fois que le sommeil s'emparait de lui, une des femmes qu'il retenait dans son château; de plus, enfin, il avait eu soin de la munir d'un talisman qui avait deux grandes vertus, celles de rendre sa vieille gardienne invisible à tous les yeux et de produire, dès qu'on la touchait, une musique magique. — « Si le prince, se disait-il, arrive jusque dans ce pavillon et a l'idée de s'approcher de moi pendant que je dormirai, il ne se méfiera pas d'un obstacle invisible; le concert qu'il entendra tout à coup le déconcertera et me mettra en état de prévenir tout désastre. » — Ce qu'il avait prévu était donc arrivé. Dès que la musique s'était fait entendre, il s'était réveillé et s'était rendu invisible, afin de pouvoir renverser tous les projets de Biribinker, contre lequel, dans la crainte de se mettre une mauvaise affaire sur les bras avec Caramoussal, il s'était promis de ne pas employer la violence.

Le prince, revenu du trouble où l'avaient jeté le concert et la disparition du magicien, ne songea plus qu'à délivrer la belle laitière, et voulut savoir en même temps ce qu'était devenu son ennemi. Il mit donc l'épée à la main et alla parcourir tous les appartements du château invisible. Il eut beau chercher, fouiller, il ne rencontra que les vieilles, qui, à toutes les questions qu'il leur fit, répondirent par des éclats de rire.

Biribinker, ne trouvant pas le magicien et n'ayant pas découvert Galactine, fit un double raisonnement. Il supposa d'abord que Padmanaba, frappé de terreur par le danger qu'il venait de courir, avait pris la fuite et l'avait laissé maître de sa demeure. En second lieu, il pensa que Galactine, puisqu'il ne l'avait rencontrée dans aucun des appartements du château, n'était autre que la femme contre laquelle il s'était heurté en approchant du magicien. Il crut, de plus, que le vieillard la rendait invisible et la forçait à se tenir couchée à ses pieds pendant son sommeil, pour mieux veiller sur elle et pour être toujours prêt à la défendre contre les entreprises que l'on pourrait tenter pour la délivrer. Voilà les beaux raisonnements que faisait le prince à part soi, et il les croyait justes et certains, parce qu'ils flattaient ses désirs. L'esprit plein de ces idées et le cœur triomphant, il retourna dans le pavillon chinois, et courut se précipiter vers la place qu'occupait la femme invisible qu'il prenait pour la belle laitière. Et là, à genoux, il lui tint les propos les plus aimables et lui fit les protestations les plus chaleureuses. La dame lui répondit : — « Je ne croirai à tout ce que vous me dites que quand vous aurez fait ici le serment de m'épouser et de m'être fidèle. » — « Oh! repartit le prince avec enthousiasme, que ne puis-je prendre à témoin toute la terre et tous les éléments, avec tous les êtres qui les habitent, que je vous jure la plus inviolable fidélité... » — « Nous sommes tous témoins de votre serment, » — s'écrièrent une foule de voix qui venaient de tous côtés. Biribinker croyait bien, sans doute, avoir affaire à Galactine ; mais enfin il n'en était pas absolument sûr, et, en homme très-prudent, il ne tenaît pas à être pris au mot. Il se retourna vivement pour voir à quels gens appartenaient les voix qu'il venait d'entendre; mais au même moment la salle du kiosque fut inondée de lumière, et, au lieu de se trou-

ver aux pieds de la belle laitière, il se vit en présence de l'affreuse vieille à laquelle il avait adjugé le prix de la laideur quelques heures auparavant, et qui lui criait: — «Vous l'avez juré! Vous ne pouvez vous dédire! Il faut que vous m'épousiez. » — Biribinker se releva plein de dépit et de confusion, et ne sachant trop que répondre. Ce qui augmenta son chagrin et le mit en rage, c'est qu'il aperçut Padmanaba assis majestueusement sur son sopha, et autour de lui une cinquantaine de vieilles, qui criaient en chœur, de leur voix cassée et nasillarde : — « Il faut qu'il l'épouse! Un galant homme n'a que sa parole. » — Le magicien lui dit de son côté : — « Mon petit prince. voici déjà plusieurs jours que vous m'ennuyez et me causez beaucoup de soucis, de sorte que je ne suis pas fâché de vous tenir un peu en ma possession. Vous allez donc me faire le plaisir d'épouser sur l'heure la bonne vieille Criquette. J'en suis bien fâché pour votre laitière, une sorte de mijaurée, dont je me suis emparé hier, et qui est actuellement dans un coin de mon château, occupée à pleurnicher. Croiriez-vous qu'elle jette les hauts cris dès qu'elle me voit? Elle sera peut-être d'humeur plus douce et plus facile quand elle vous saura bel et bien marié. Je vous préviens, d'ailleurs, que j'ai l'habitude d'être obéi toutes les fois que je donne des ordres. Ainsi donc, mon excellent ami, exécutez-vous de bonne grâce. » — Biribinker, pendant ce beau discours, avait commencé par frémir de colère; puis avait fini par recouvrer peu à peu sa présence d'esprit. On ne sera donc pas surpris d'apprendre qu'il déclara nettement que, pour lui, il était fort têtu, et qu'il n'y avait ni magicien ni enchanteur qui pût le forcer à exécuter ce qu'il avait résolu de ne pas faire. Il répondit avec tant de fermeté des non! et des non! à tout ce qu'on demandait de lui, que Padmanaba, perdant patience et jugeant qu'il ne réussirait pas par la douceur, s'oublia jusqu'à ordonner à son gracieux entourage de s'emparer de la personne du prince, et de l'enfermer pendant vingt-quatre heures dans la prison du château, afin qu'il eût le loisir de réfléchir, loin de toute distraction. Au même instant, les cinquante vieilles, comme autant de harpies, se jetèrent sur notre héros, se cramponnèrent à ses bras, à ses

jambes, à ses habits; le renversèrent, le lièrent avec de bonnes cordes et le portèrent dans la prison, qui

n'était autre chose qu'une grande caisse d'acier poli, qui aurait ressemblé parfaitement à un coffre-fort, si elle n'avait été munie d'une fenêtre à barreaux, pour donner du jour et de l'air aux prisonniers qu'on y enfermait.

Biribinker, laissé seul, eut, en effet, tout le temps

nécessaire pour envisager exactement sa situation. D'un côté, il se voyait sans amis pour le consoler et sans protecteurs pour l'aider à se retirer des griffes du magicien. Étant bien déterminé cependant à ne pas épouser Criquette, il craignait déjà d'être à la veille de se voir changé en concombre ou en bourdon. D'un autre côté, comme l'espérance reste toujours au fond du cœur le plus découragé, il pensait qu'il pourrait bien se produire quelque miracle en sa faveur, et les choses extraordinaires qu'il avait vues depuis trois jours le confirmaient dans cette idée. C'est en examinant ainsi les diverses chances de sa bonne ou de sa mauvaise fortune qu'il passa ses vingt-quatre heures de prison.

Pendant ce temps-là, Padmanaba, monté sur son grand rok, était allé chercher les fées Cristalline et Mirabelle, qui n'avaient consenti à l'accompagner qu'à la condition qu'il leur permettrait d'avoir auprès d'elles, l'une, le gnome Grigri, l'autre, Phlox le sylphe. Le magicien avait accepté la proposition, car il pensait que leur présence ajouterait à l'humiliation du prince et à la solennité de la séance dans laquelle il se proposait de tirer une vengeance éclatante de Biribinker.

L'heure fixée étant arrivée, Padmanaba convoqua, dans la salle du kiosque, les deux fées, ainsi que toutes les vieilles femmes qui formaient son cortége ordinaire. Puis, il ordonna à six de ces mégères d'aller chercher le prince. En attendant, il allait ouvrir la bouche pour prononcer un magnifique discours, dans lequel il se proposait de faire de ses hauts faits et de sa puissance un étalage qui inspirerait à son assistance une terreur salutaire, quand les portes du pavillon s'ouvrirent tout à coup avec fracas. On vit alors entrer dans la salle une dame, le visage rouge de colère, le regard enflammé et le geste menaçant. Elle tenait d'une main sa baguette et de l'autre son livre. La troupe des vieilles femmes la regardait avec stupéfaction s'avancer hardiment en face du magicien, et lui dire : — « Me connais-tu, Padmanaba? Je suis la fée Caprosine. Tu m'as enlevé ma pupille, la belle Galactine, une fille de roi, que le grand Caramoussal avait confiée à mes soins pour l'instruire dans tous les secrets de la féerie. Tu vas me rendre à l'instant mon élève. Sache que le grand Caramoussal est déjà instruit de ta violence, et tu dois savoir que l'on ne se joue pas de lui impunément. Pour moi, d'ailleurs, je ne suis pas très-rassurée sur mon sort, car j'ai eu la méchante idée d'inspirer à Galactine une horreur insurmontable pour le nom de Biribinker, afin de me venger des dédains de la mère de ce prince, qui a refusé mes services et a préféré le faire élever par la fée Melisotte; or, je viens de voir dans mon livre, un peu tard, hélas! que Caramoussal avait décidé que Galactine serait l'épouse de ce Biribinker. Tu vois que, ni pour toi, ni pour moi, il n'y a de temps à perdre. Hâte-toi donc de rendre la liberté à Galactine. » — Le vieux Padmanaba parut atterré pendant ce discours. Il n'était pas habitué à s'entendre parler de cette façon; de sorte qu'il avait une peine infinie à contenir l'explosion de la fureur qui bouleversait tous ses sens. Mais le temps pressait, il fallait prendre son parti, car il savait qu'il n'y avait pas à plaisanter avec Caramoussal. Il envoya donc chercher Galactine et la remit, avec force excuses, entre les mains de la fée Caprosine.

Cependant Padmanaba, de plus en plus aveuglé par la colère et bien sûr que la fée Caprosine ne portait aucun intérêt à Biribinker, n'hésita pas à donner suite à ses projets de vengeance. Quand le prince arriva en sa présence, traîné par six vieilles femmes, le magicien était agité par des émotions si diverses, qu'il oublia le discours qu'il avait préparé, de sorte qu'il se borna à dire : — « Vous voyez ici le terrible, le redoutable, le tout-puissant Biribinker. Je vous ai réunis pour que vous soyez témoins de sa honte ou de son

châtiment. Sachez-le, j'entends qu'il épouse sur l'heure la vieille Criquette. » — Biribinker baissait la tête : il était comme anéanti par la honte. — « Courage ! prince, lui dit la fée Cristalline ; je vous pardonne l'excès d'impatience que vous fîtes paraître lorsque vous voulûtes partir de chez moi. Qui marche à une conquête aussi rare que celle que vous allez faire ne saurait, en effet, se presser trop. » — « Prince Biribinker, lui dit Grigri, ne pensez pas que je doive vous avoir de grandes obligations, car c'est bien le hasard qui vous a conduit devant le miroir enchanté, puisque après m'avoir quitté vous avez oublié le palais pour courir du côté de la chaumière. Regardez ce qui vous arrive comme une punition bien méritée de votre désobéissance. » — « Si la belle au pied de laquelle on vous a trouvé, continua Mirabelle, n'est pas à tous égards digne de vous, vous avez au moins l'avantage d'avoir affaire à une femme d'expérience qui ne vous fera pas languir pour vous accorder sa main. » — « Quant à moi, ajouta celui qui avait été concombre, je devrais, en vérité, être mortifié d'avoir recouvré ma figure aux dépens de votre bonheur; mais, comme concombre, je vous ai averti de ne pas vous amuser aux bagatelles d'une inutile galanterie. Ainsi, ne me blâmez pas, si, comme sylphe, je me réjouis de vous voir puni pour n'avoir pas voulu suivre mes conseils. » — « Regarde, malheureux Biribinker, balbutia la fée Caprosine; regarde à mes côtés l'aimable princesse Galactine que Caramoussal te destinait pour femme, qu'il m'avait chargée d'élever, et à laquelle j'ai su inspirer une horreur invincible pour ton nom. Cependant tu aurais réussi à l'épouser, si par de sottes galanteries tu ne t'étais rendu indigne d'elle. Je crains bien qu'il ne faille maintenant, bon gré, mal gré, qu'elle se marie avec l'illustre et tout-puissant Padmanaba. » — « Si ma compassion pouvait vous soulager, mon pauvre Biribinker, lui dit à son tour la belle laitière, vous seriez moins à plaindre. Je crois

que les fées et les enchanteurs ont eu autant de part que vous-même aux fautes que vous avez commises. Mais je serai bien à plaindre, moi aussi, si je suis obligée d'épouser Padmanaba. Le seul conseil que je puisse vous donner, c'est,
— dans le but d'éviter de plus grands malheurs, — d'accepter la main de cette vilaine petite Criquette. »

A ces mots, Biribinker leva les yeux et lança à Galactine un regard mêlé de tendresse et de reproches. Telle était la terreur qu'inspirait Padmanaba, que notre prince fut en butte aux plaisanteries des personnes mêmes qu'il avait obligées et desquelles il aurait pu attendre du secours.

Ce fut le tour du magicien de parler. — « Apprends,

lui cria-t-il, modèle inouï de sagesse et de constance, que le vieux Padmanaba n'est pas encore assez âgé pour laisser ta témérité impunie. Puisse ton histoire passer de nourrice en nourrice et être transmise à la postérité la plus reculée, afin qu'on apprenne combien il est dangereux de consulter le grand Caramoussal sur sa destinée. Maintenant, arrivons à notre fait. La solitude t'a-t-elle rendu sage? Consens-tu à épouser Criquette? » — « Non, répondit Biribinker. » — « Il paraît que tu préfères, repartit le magicien, aller tenir compagnie aux légumes de mon potager ou aux ours des glaciers voisins? Comme, au fond, je ne suis pas aussi méchant qu'on le veut bien dire, je te donne trois fois pour te décider... Fais attention et réponds. Une fois! » — « Non. » — « Deux fois! » — « Non. » — « Trois... » — Avant qu'il eût achevé, on entendit dans les airs un bruit épouvantable, qui ébranla le château jusque dans ses fondements. Tout le monde, excepté Biribinker, se sentit saisi d'effroi. Padmanaba fut le premier à s'apercevoir que cet orage était l'ouvrage d'une puissance supérieure à la sienne, et il trembla de tous ses membres. Au même instant, le plafond et le toit du kiosque furent emportés par un violent coup de vent, et l'on vit apparaître, au milieu des éclairs et du tonnerre, le grand Caramoussal,

monté sur le cheval Pégase, qu'il avait acheté jadis à Persée. Je dois avouer que le puissant magicien fut accueilli non-seulement par les cris de joie de Biribinker, mais aux acclamations des fées Cristalline et Mirabelle, de Grigri et de Phlox, et particulièrement de la belle laitière, qui tous et toutes regrettèrent certainement alors les petites méchancetés que la peur leur avait fait débiter il n'y avait qu'un instant.

— « Tu m'as désobéi, Padmanaba, cria d'une voix formidable l'enchanteur du mont Atlas, tu m'as désobéi en employant, malgré mes ordres formels, la violence contre mon protégé Biribinker. C'est pour cela que je suis ici. Du reste, le prince a été assez puni, et je vais remettre toutes choses en ordre. » — En même temps, il fit certains signes avec sa baguette, et les vieilles, — Criquette seule fut exceptée, — apparurent comme autant de femmes charmantes appartenant à la tribu des Sylphides, des Gnomides et des Elfes ; puis il se tourna du côté du jardin potager, se livra à quelques conjurations de sa façon, et aussitôt on vit accourir une foule de gnomes et de sylphes, qui remplirent tous les appartements et toutes les cours du palais. Cela fait, Caramoussal dit : — « Comme il est temps que Padmanaba laisse tranquille le monde des fées qu'il a assez tourmenté depuis plusieurs siècles, avec sa manie de mariage, j'entends qu'il épouse sur-le-champ Criquette, qui restera toujours vieille, toujours bossue et toujours méchante. » — Toute l'assemblée applaudit joyeusement à cette décision. Si Padmanaba avait eu des dents, il les aurait certainement grincées de dépit, tant il s'attendait peu à un pareil dénoûment. — « Quant au prince, ajouta Caramoussal, il épousera la belle laitière. » — A ces mots, Biribinker alla, selon son habitude, se jeter aux pieds

de son adorable Galactine, à qui il demanda pardon de ses étourderies ; puis courut aux genoux de Caramoussal, qui le releva avec affection, et lui dit : — « Comme votre nom déplaît à Galactine, grâce aux enchantements de cette sotte de Caprosine, — à qui je réserve un chat de ma chatte, — vous vous appellerez désormais Melliphage ; c'est un fort joli nom tiré du grec, et qui figurera bien dans l'histoire. » — Une triple salve d'applaudissements salua cette nouvelle décision.

Se tournant vers l'assemblée, Caramoussal continua ainsi : — « Que chacun de vous maintenant retourne à son gîte et à ses affaires. Tout le monde est libre ici, sauf l'admanaba et Criquette, qui passeront dans cette vallée, sans en pouvoir sortir, leur lune de miel, laquelle, si Dieu leur prête vie, durera mille ans, chose qui ne s'est jamais vue, et qui sera très-édifiante. Pour moi, il ne me reste plus qu'à conduire le prince Melliphage auprès de son père et de l'attacher à la princesse Galactine par les liens indissolubles du mariage. »

A peine eut-il achevé son discours qu'il renvoya Pégase à son écurie, après quoi il fendit trois fois l'air avec sa baguette. Au même instant, on vit descendre un grand nuage d'or et d'azur, sur lequel Caramoussal, Melliphage et Galactine prirent place. Le nuage s'éleva dans le ciel, parcourut d'immenses espaces et vint s'arrêter devant le palais du roi Florimond, qui, je n'ai pas besoin de le dire, fut enchanté de retrouver son fils, l'héritier présomptif de sa couronne, et surtout de le voir pourvu d'un si beau nom et en compagnie d'une si belle princesse. Caramoussal assista aux noces, qui furent célébrées avec la plus grande pompe, et immédiatement après, repartit pour sa demeure africaine, promettant de veiller toujours sur la famille de son protégé.

Quand le vieux roi Florimond fut passé de vie à trépas, Melliphage monta sur le trône de ses ancêtres et gouverna ses États avec tant de sagesse qu'il fut aimé de tous ses sujets. Il fit Phlox son premier ministre, en récompense des services qu'il lui avait rendus étant concombre. Grigri, qui lui avait servi de monture pour sortir de la forêt de Melisotte, fut élevé à la dignité de premier écuyer. Quant aux fées Cristalline et Mirabelle, elles vinrent voir leurs maris. lorsque les grosses affaires qu'elles dirigeaient leur laissaient quelques loisirs. Elles ne manquèrent pas, du reste, de paraître à la cour toutes les fois que Galactine accoucha, afin de douer les enfants qu'elle mettait au monde.

De graves historiens assurent que Padmanaba et Criquette, qui n'avaient trouvé rien de mieux à faire. pour se distraire dans leur exil, que de se quereller et de se battre, moururent d'ennui et de consomption. 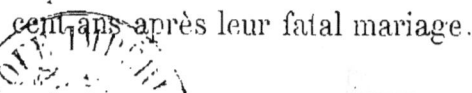cent ans après leur fatal mariage.

TABLE DES MATIÈRES.

Les Fées et les Génies.................................. 1
La Petite Grenouille verte............................ 39
La Princesse Hébé et le Prince Percin-Percinet....... 81
Bellinette, ou la Jeune Vieille...................... 139
Aventures du Négociant Évaric........................ 187
Biribinker... 241

FIN DE LA TABLE.

PARIS. — TYPOGRAPHIE DE RENOU ET MAULDE, RUE DE RIVOLI, 144.

www.ingramcontent.com/pod-product-compliance
Lightning Source LLC
Chambersburg PA
CBHW060458170426
43199CB00011B/1253